Alexander Ermel

Eine Reise nach Robinson-Crusoe-Insel

Alexander Ermel

Eine Reise nach Robinson-Crusoe-Insel

ISBN/EAN: 9783954273102
Erscheinungsjahr: 2013
Erscheinungsort: Bremen, Deutschland

© maritimepress in Europäischer Hochschulverlag GmbH & Co. KG, Fahrenheitstr. 1, 28359 Bremen. Alle Rechte beim Verlag und bei den jeweiligen Lizenzgebern.

www.maritimepress.de | office@maritimepress.de

Bei diesem Titel handelt es sich um den Nachdruck eines historischen, lange vergriffenen Buches. Da elektronische Druckvorlagen für diese Titel nicht existieren, musste auf alte Vorlagen zurückgegriffen werden. Hieraus zwangsläufig resultierende Qualitätsverluste bitten wir zu entschuldigen.

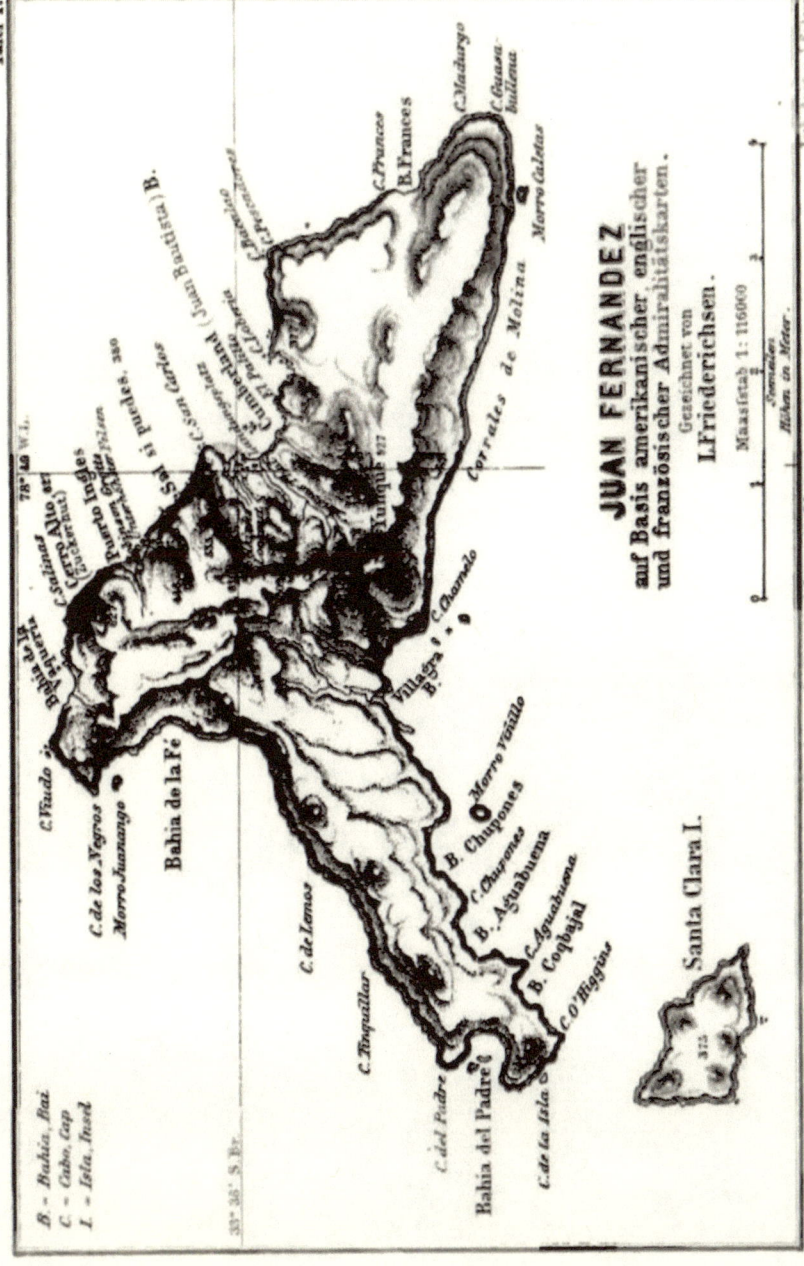

EINE REISE

NACH DER

ROBINSON-CRUSOE-INSEL

VON

ALEXANDER ERMEL
(SANTIAGO DE CHILE)

MIT 1 KARTE UND 11 LICHTDRUCKBILDERN.

ALLE RECHTE VORBEHALTEN.

HAMBURG,
L. FRIEDERICHSEN & Co.,
LAND- UND SEEKARTENHANDLUNG,
GEOGRAPHISCHE UND NAUTISCHE VERLAGSHANDLUNG.
NEUERWALL 61. I.
1889.

Inhalt.

	Seite
Einleitung	1
Erster Teil: Die Geschichte der Insel	4
Zweiter Teil: Beschreibung der Insel und unser Besuch auf derselben im April 1885	31
Die Insel Mas Afuera	113
Schluſs: Die Bedeutung von Juan Fernandez für Chile	116
Erster Anhang: Parallele zwischen Alexander Selkirk und Robinson Crusoe . . .	126
Zweiter Anhang: Analyse des Glockensteines von Juan Fernandez	129
Dritter Anhang: Statistik der Regentage in Chile	132

Tafeln:

Tafel 1. Karte der Insel Juan Fernandez, gezeichnet von L. Friederichsen.
„ 2. Das Koloniethal mit dem Hause der alten Gouverneure in der Mitte und dem Yunque im Hintergrunde 4
„ 3. Die Cumberland-Bai; im Vordergrund der Gemüsegarten des Pächters 30
„ 4. Juan Fernandez, aus einer Entfernung von 20 Seemeilen gesehen . 34
„ 5. Die westliche, kleinere Hälfte des Puerto ingles 42
„ 6. Der Bergzug Sal si puedes 69
„ 7. Die westliche Waldseite de Robinson-Thales 74
„ 8. Die Pangue-Pflanze, nach der Natur gezeichnet von A. Ermel . . . 88
„ 9. Vegetationsgruppe im Walde, auf dem Wege nach Selkirk's Lookout 95
„ 10. Selkirk's Lookout mit der Gedenktafel 102
„ 11. Der westliche Teil von Juan Fernandez und die Insel Santa Clara . 103
„ 12. Die Cumberland-Bai und der vordere Teil des Koloniethales, mit dem Hause des Pächters, den Höhlen der Gefangenen und der Wohnung unseres Führers 116

Einleitung.

Es war in der ersten Hälfte des Jahres 1885. Von innerem Drang nach geistigem Austausch getrieben, hatten einige Deutsche der Hauptstadt Chiles den Entschluſs gefaſst, einen wissenschaftlichen Verein daselbst zu begründen. In wenigen Wochen hatte die Zahl der Mitglieder bereits eine beträchtliche Höhe erreicht, und die in den Versammlungsabenden abgehaltenen Vorträge die Lebensfähigkeit des Vereines bewiesen. Als auch an mich die Reihe kam, demselben eine selbständige Arbeit vorzulegen, benutzte ich diese Gelegenheit, um meine frischen Eindrücke, welche ich auf einem im April des Jahres 1885 nach Juan Fernandez, der Insel Robinson Crusoe's, gemachten Ausfluge gewonnen hatte, schon jetzt zur Verwertung zu bringen.

Diese Reise nach der berühmten Insel hatte ich wohl mit der bestimmten Absicht unternommen, in einer umfassenden Beschreibung das von Alexander Selkirk bewohnte Eiland meinen Landsleuten in Deutschland in Wort und Bild vorzuführen; aber ich wollte dies erst in späterer Zeit thun, wenn meine geschäftliche Thätigkeit mir die nötige Muſse für wissenschaftliche Abhandlungen erlauben würde. Trotzdem ich mit vielen Schwierigkeiten zu kämpfen hatte und die für die Vorbereitung bewilligte Frist knapp hinreichte, um das Hauptwerk über die Geschichte der Insel, in welchem der fruchtbarste chilenische Schriftsteller, Benjamin Vicuña Mackenna, in erschöpfender Weise das betreffende Material zusammengetragen hatte, flüchtig durchzulesen, fand die Arbeit im Schoſse des wissenschaftlichen Vereines dennoch eine wohlwollende Aufnahme, welche mich ermunterte, jenen Vortrag, soviel als es in meinen Kräften stand, nachträglich zu einem immer vollständigeren Ganzen auszudehnen, das ich dem deutschen Publikum nunmehr übergebe.

Der nach dem Titelblatte behandelte Gegenstand ist ja für jedermann interessant. Auſserdem scheint die Frage, ob Defoe für sein unsterbliches Werk „Robinson Crusoe", den Einsiedler von Juan Fernandez, oder irgend einen aus der unzähligen Reihe von bekannteren Schiffbrüchigen zum Vorbilde benutzt hat, nach allem, was mir darüber zu Gesichte gekommen ist, als eine noch nicht endgültig entschiedene betrachtet zu werden. Für mich liegt seit der Reise nach Juan Fernandez nicht der geringste Zweifel mehr vor, und kann zu diesem Resultate auch nur eine Besichtigung der Insel selbst führen. Leider standen mir viele diese Frage berührende Bücher in dem entfernten Chile nicht zur Verfügung, so daſs ich auf eine besondere kritische Behandlung derselben, welche einen separaten, zweiten Teil füllen sollte, Verzicht leisten muſste. Sowohl im Vorlaufe des Buches als im Anhange dazu habe ich mich bemüht, den Beweis dafür zu liefern, daſs Alexander Selkirk das Modell für den Defoe'schen Helden gebildet hat und hoffe, daſs es mir im Laufe der nächsten Jahre möglich sein wird, die verschiedenen Lücken auszufüllen, wenn die vorliegenden Zeilen eine milde Beurteilung und freundliche Duldung von seiten des deutschen Publikums gefunden haben sollten.

Die Kritiker bitte ich, nicht zu streng mit mir ins Gericht zu gehen und das einfache Gewand meines Büchleins nicht schärfer als notwendig zu befühlen. Sehr dankbar werde ich dagegen jedermann sein, der mir über diesen und jenen Punkt Belehrungen zukommen lassen will, welche die Verlagsbuchhandlung mit gröſster Bereitwilligkeit mir übermitteln wird.

Schlieſslich bemerke ich, daſs ich nicht nur deshalb diese „Reise nach der Robinson-Insel" veröffentlicht habe, um auf Grund der eigenen Anschauung meinen freundlichen Lesern einen festen, reellen und plastischen Hintergrund für die Lektüre des Robinson Crusoe zu schaffen, damit diese volkstümlichste und bekannteste Figur aus den unsicheren und nebelhaften Umrissen der Sage in die klaren, deutlichen und greifbaren Formen der Wirklichkeit übergehe, sondern ich glaubte damit auch einen weitergehenden patriotischen Zweck verbinden zu können. Nämlich Chile sucht, da eine freiwillige Einwanderung deutscher Elemente in die fernen und letzten, aber doch gesegneten und gastlichen Gegenden des Westens von Süd-Amerika bisher in zu geringem Maſse stattgefunden hat, deutsche Kolonisten für die unermeſslichen Strecken seines Landes, welche die eigene spärliche Einwohnerzahl nicht zu bevölkern imstande ist, zu gewinnen. Die dazu bestimmten Agenten vermögen aus leicht erklärlichen Gründen nur wenige und nicht immer die geeignetsten Ansiedler anzuwerben und somit ihren Zweck allein nicht zu erfüllen. Sie müssen daher unterstützt werden. Zehn volle Jahre, welche ich in diesem von der Natur so reich ausgestatteten Lande Chile verlebt habe, berechtigen mich dazu, allen denen, welche nach einem passenden Orte der Niederlassung auf der Weltkarte Umschau halten, den herzlich gemeinten Rat zu geben, nach Chile auszuwandern, wo sie in ihren Erwartungen sich nicht getäuscht sehen werden.

Infolge seiner geographischen Lage reicht das Land in die heifse und gemäfsigte Zone hinein; die Berge liefern in staunenswertem Reichtum kostbare Erze, die wichtige Steinkohle, brauchbare Nutzhölzer; der Erdboden bringt in wunderbarer Fruchtbarkeit hundertfältige Früchte hervor; die Viehzucht gedeiht in allen ihren Zweigen wie in wenigen Ländern; das Meer bespült seine langgezogene Küste; wilde und giftige Tiere bleiben seinen Grenzen fern; Revolutionen stören den ruhigen Gang des Staatslebens nicht; eine verständige republikanische Regierung gewährt dem Individuum seine vollständige Freiheit; direkte Steuern sind hier noch unbekannt; die Fremden werden in jeder Beziehung bevorzugt und geniefsen die Vorteile des chilenischen Staatswesens, ohne an seinen Lasten teilzunehmen; und vor allem wird Chile von einem herrlichen, warmen Klima begünstigt, wie sich wenige Länder eines gleichen Vorzuges rühmen können: im Sommer regnet es nur in den südlichsten Gegenden und im Winter in den mittleren und südlicheren nur während einiger Monate; Handel und Wandel blühen, Kunst und Wissenschaft finden freundliche Aufnahme und die Militärlast der europäischen Reiche beschwert nicht die Schultern der Einwohner. Der Ackerbau könnte noch reicheren Ertrag liefern, und Fabriken sind nur einige wenige erst angelegt worden, so dafs also ungeheure Strecken Landes unbearbeitet daliegen und fast sämtliche Lebensbedürfnisse vom Auslande bezogen werden müssen — einzig und allein aus Mangel an Arbeitern für das Feld und für die Fabriken!

Santiago de Chile.

A. Ermel.

Erster Teil.

Die Geschichte der Insel.

„Das Buch der Spanier wird immer der Don Quijote sein," sagt der berühmte Redner Castelar, „der Robinson Crusoe das der Engländer." Mit vollstem Rechte hätte er zu den letzten auch die Deutschen hinzufügen müssen. Freilich hat die Übersetzung des Defoe'schen Robinson Crusoe wegen der Verschiedenheit der Charaktere der beiden Nationen auf deutschem Boden niemals feste Wurzel fassen und noch weniger bei uns als wichtigstes Buch für die Erziehung der Jugend dienen können, wozu das Original in England seit fast zwei Jahrhunderten in unveränderter Weise verwandt worden ist. Sobald daselbst die Kinder das Buchstabieren gelernt haben, wird ihnen als erste praktische Übung im Lesen der Robinson in die Hand gegeben, welcher von nun an ihr Lieblingsbuch bis in das reifere Alter bleibt. Dasselbe eignet sich aber auch aufs beste dazu: in anheimelndem Stile, in „wunderbar anschaulicher, schlicht natürlicher Darstellung", wie alle das Defoe'sche Werk erwähnende Schriftsteller übereinstimmend sich ausdrücken, fliefst die Geschichte des Helden hin, mit vollster Gleichmäfsigkeit, mit gänzlichem Vermeiden alles Phantastischen und Schrecklichen, so dafs man die gewagtesten Abenteuer hinnimmt, als wären sie die gewöhnlichsten Dinge des täglichen Lebens. Man liest das Buch wie eine wahre Geschichte, deren Eindruck auf den Leser durch das Prosaische derselben nur um so stärker erhöht wird und deren Lektüre ohne Frage den Charakter der Engländer beeinflufst hat, was ihr Hang die Meere zu durchkreuzen und die Berge zu erklimmen, die Ruhelosigkeit so vieler Individuen, welche als Wanderer jahraus, jahrein von einem Orte der Welt zum andern reisen, ohne lange Zeit an demselben Platze zu verweilen, aufs

Das Koloniethal mit dem Hause der alten Gouverneure in der Mitte und dem Yunque im Hintergrunde.

deutlichste beweisen. Der heutige Vollblut-Engländer ist ein treues Abbild des Robinson Crusoe mit allen seinen Vorzügen und Fehlern.

Die Deutschen freilich stimmten in die begeisterten Anerkennungen Rousseau's, der das Defoe'sche Buch als glücklichste Abhandlung über die natürliche Erziehung der Kinder ansah und in seinem Emil sogar verlangte, daſs es das erste und für lange Jahre hindurch das einzige Buch für die Kindererziehung bilden sollte, nicht ein. Sie wollten ein vollkommeneres, ein höheren Zwecken dienendes Buch für ihre Jugend haben, das dieser neben der angenehmen Unterhaltung eine Fülle von Grundkenntnissen aus dem häuslichen Leben, aus der Natur und aus der gesamten menschlichen Wirksamkeit und zugleich ein zur Sittlichkeit und Tugend anregendes Beispiel darbieten sollte. Die Umarbeitung des Defoe'schen Robinson in dem Sinne eines deutschen Erziehungsbuches schuf Campe in seinem im Jahre 1778 erschienenen vortrefflichen Büchlein: „Robinson der Jüngere", in welchem er seinen Zweck so vollständig erreicht hat, daſs es zu einem Nationalbuch der deutschen Jugend geworden ist. Die Eindrücke, welche es in dem frischen Kindergemüte hervorbringt, werden durch kein anderes der unzähligen Bücher, die für die Unterhaltung der deutschen Kinderwelt geschrieben sind und immer noch geschrieben werden, jemals ganz verwischt. „Der Fährtensucher", „Das weiſse Roſs", „Die Prairie-Blume" u. s. w.: alle die abenteuerlichen Erzählungen, welche die Jugend mit dem dieser Zeit eigenen Interesse verschlingt, verblassen mit den Jahren oder verschwinden gänzlich aus dem Gedächtnisse: die einzige Figur, welche uns aus der Jugendzeit in ungeschwächter Frische durch das Leben hindurch in der Erinnerung bleibt, ist der Robinson Crusoe, wie ihn Campe gezeichnet hat. Woher kommt dies? Wie erklärt sich dieser Zauber?

Jene anderen Bücher haben wir nur gelesen, aber selten den Drang gefühlt, uns innigst mit dem Helden eins zu denken: den Robinson dagegen haben wir als zarte Kinder zuerst gehört, wenn uns Eltern oder Freunde von seinen wunderbaren Schicksalen erzählten, ihn nachher gespielt und in Spielen und in Gedanken uns unzählige Male mit dem berühmten Einsiedler identifiziert; später haben wir ihn gelesen und immer wieder gelesen und alle Einzelheiten seines Lebens unauslöschlich in uns aufgenommen. Aber auch für den reifer entwickelten Menschen schwächt sich das Interesse an ihm nicht ab; denn alle Menschen besitzen nach ihrer ganzen natürlichen Beanlagung eine solche Vorliebe für die Einsamkeit, daſs der universelle Zauber, welchen die Lektüre dieses Buches unter jedem Klima erzeugt, zum gröſsten Teile aus der einfachen Thatsache entspringt, daſs jeder Mensch in sich selbst etwas wie ein Robinson in Miniatur ist und in seiner Natur alle die

Genüsse und Leidenschaften verborgen bewahrt, welche der englische oder deutsche Schriftsteller der Einsamkeit und ihrer urwüchsigen, großsartigen Unabhängigkeit zuschreibt. Als Herr der Welt, zu dem ihn Gott geschaffen, fühlt sich der Mensch nur in der Einsamkeit!

Der Kern dieser wundersamen Erzählung ist nicht erfunden, sondern dem wirklichen Leben entnommen: Robinson Crusoe ist nichts anderes als eine geistreiche Metamorphose von Alexander Selkirk, und die Insel, welche er bewohnte, Juan Fernandez, die 360 Seemeilen vom Festlande entfernte und zu Chile gehörige Insel, mit deren Geschichte ich Dich, freundlicher Leser, ehe ich Dir meinen Besuch auf derselben im April 1885 schildere, vorher bekannt machen will. Du wirst aus der historischen Darstellung der mannigfaltigen Vorgänge auf der Insel erst in schwachen, aber immer klarer werdenden Umrissen allmählich die endlich so lebensvollen und lebenswahren Figuren: Robinson Crusoe und seinen Freitag vor Dir entstehen sehen, wie aus einem formlosen Marmorblock unter der Hand des Meisters allmählich die gelungene Statue hervorgeht. Wenn schon irgend eine Novelle uns ein wärmeres Interesse erweckt, sobald wir wissen, daſs ihr Inhalt auf eine wahre Begebenheit des Lebens zurückzuführen ist, so wächst die Gröſse des Interesses ins Unendliche, wenn es sich um eine solche von universellem Ruf handelt, wie die von Robinson Crusoe. Nach jetzigen neueren Forschungen, welche kürzlich eine englische Zeitung veröffentlicht hat, gehört auch die groſsartige Schöpfung von Bernardin Saint-Pierre: „Paul et Virginie" unter die Zahl der Novellen, deren Kern auf Wahrheit basiert ist und deren Scenen wir nunmehr mit innigerem Anteil als vorher verfolgen werden.

Die Insel oder richtiger Inselgruppe wurde im Jahre 1563 von dem Spanier Juan Fernandez entdeckt, einem für jene Zeiten sehr berühmten Seefahrer. In jungen Jahren sein Vaterland verlassend, folgte er dem Strome der nach dem kürzlich entdeckten Amerika ziehenden Abenteurer als einfacher Seemann, nicht aus Gold- oder Habgier, sondern aus Vorliebe für das Meer. Bald stieg er zum Range eines Steuermannes empor und leitete verschiedene Unternehmungen zur See, am meisten jedoch solche, welche ihren Ausgangspunkt in Peru und ihr Ziel in Chile hatten. Eine solche Reise zwischen diesen beiden Ländern dauerte bei der damaligen Schiffahrt 6 bis 8 Monate, weil man nur das Tageslicht zur Fahrt benutzte, einzig und allein den Windungen der Küste folgte und somit von den im gröſsten Teil des Jahres wehenden Südwinden aufgehalten wurde. Juan Fernandez traf jedoch auf verschiedenen Reisen östliche und südöstliche Winde und schloſs daraus, daſs diese auf offener See beständiger wehen und also nutzbar zu machen sein müſsten. So steuerte er im Jahre 1563 von Callao aus gegen die damalige Routine in die hohe See gerade nach Westen hinaus, um östliche Winde aufzusuchen, fand sie auch und langte, durch sie begünstigt, bereits nach 33 Tagen in Valparaiso an. Für die derzeitigen Verstandeskräfte konnte dies nicht mit richtigen Dingen zugehen; Juan Fernandez wurde als Hexenkünstler vor der Inquisition in Lima verklagt und entging mit genauer Not durch Vorzeigung seiner Tagebücher, die leider in der späteren Zeit verloren gegangen sind, den schwersten Strafen, behielt aber sein ganzes Leben hindurch den Beinamen des „Hexenmeisters".

Auf jener Reise vom Jahre 1563 hatte er die kleinen Inseln, welche nach ihm den Namen führen, entdeckt und einige Jahre später die noch kleineren und mehr nördlich gelegenen „San Felix und San Ambrosio". Weitere Entdeckungen zur See hat er jedoch nicht gemacht; sämtliche, die ihm sonst zugeschrieben werden, besonders die von Australien, beruhen auf Erfindungen. Die Entdeckung von Juan Fernandez ist dagegen geschichtlich vollkommen verbürgt, ebenso dafs er als Belohnung für die Abkürzung der Schiffahrt zwischen Peru und Chile, welches letztere Land in politischer und kommerzieller Beziehung durch die schnellere Kommunikation einen gewaltigen Vorteil gewann, die Inselgruppe als Eigentum erhielt.

Sofort bevölkerte er sie mit Spaniern und Indianern, baute Häuser, führte Vieh ein und trieb einen bedeutenden Fischhandel mit den benachbarten Küsten. Auch das Fett der Seehunde, welche damals noch sehr zahlreich die Inseln bewohnten, verstand er zu gewinnen und bewies sich in jeder Beziehung als praktischen Kaufmann. Ein Sturm jedoch vernichtete seine Flotte und machte ihn zum armen Manne, so dafs er gezwungen wurde, die Inseln aufzugeben und wieder als Steuermann auf fremden Schiffen zu dienen. Im Jahre 1592 wurden ihm in Anbetracht seiner grofsen Verdienste um die Schiffahrt vom Gouverneur Chile's einige Ländereien bei Quillota, in der Nähe von Valparaiso, als Eigentum geschenkt, welche durch Kauf in den Besitz von Benjamin Vicuña Mackenna übergegangen sind, der am meisten für die Kenntnis des Lebens von Juan Fernandez beigetragen hat. Noch im Alter von 80 Jahren heiratete dieser, hatte einen Sohn und starb im Anfange des 17. Jahrhunderts, hochbetagt, in Ruhe und Frieden auf seinem schönen Landgute, welches Glück anderen berühmteren Seefahrern und Entdeckern, wie Columbus, Magelhaens und Cook nicht zu teil geworden war.

Die Insel Juan Fernandez blieb nach Aufhebung der Kolonie unterdessen nur von den Ziegen bewohnt, welche ihr Entdecker in der kleinen Zahl von vier Stück dorthin eingeführt, und die sich in kolossaler Weise vermehrt hatten, wie die im Jahre 1616 zuerst das Kap Horn umsegelnden holländischen Seehelden Shouten und Le Maire bezeugen. Nur für kurze

Zeit konnten diese die Insel betreten und sich mit deren köstlichem Wasser versehen, erzählen aber Wunder von dem schönen Panorama, welches sie genossen, und von dem enormen Viehreichtum, so dafs sie sich mit schwerem Herzen von ihr trennten.

Einen gleichen Eindruck machte die Insel auf eine zweite holländische Expedition im Jahre 1624 unter Jakob L'Heremite, dessen Leute sich nach einer ununterbrochenen Seereise von einem Jahre in dem schönen Klima und an den frischen Lebensmitteln, unter denen sie besonders die Membrillos (Quitten) hervorheben, in vollstem Mafse erquickten und erholten. Auch das Sandelholz wollten sie daselbst entdeckt haben. Als die Expedition wieder aufbrach, konnten sechs der Schiffsleute dem Zauber der grofsartigen Natur nicht widerstehen, desertierten und blieben auf der Insel zurück, ohne dafs jedoch von ihren ferneren Schicksalen etwas bekannt geworden wäre.

Um die Mitte des 17. Jahrhunderts kamen in einem Sturme bei Juan Fernandez sämtliche Mannschaften eines Schiffes um, bis auf einen Neger, der sich nach der Insel rettete und viele Jahre in deren Schluchten allein gelebt hatte, bis ihn ein Provinzial der Jesuiten, der die Insel vom Festlande aus besuchte, befreite. Dieser selbe Geistliche streute auf dem noch sehr unwirtlichen Eiland Samen von Bäumen und Gartenfrüchten aus, damit die dort anlandenden Seefahrer, deren Bemannung auf den unendlich langen Reisen der damaligen Zeit von Skorbut zu leiden hatten, sofort ein sicheres und reichlich vorhandenes Gegenmittel gegen diese schreckliche Krankheit vorfänden.

In der zweiten Hälfte des 17. Jahrhunderts begegnen wir den ersten englischen Expeditionen, welche die Schädigung der Spanier in ihren fernen und reichen Kolonieen im Stillen Ocean zum Zweck hatten und eine Art heftigen Seeräuberkrieges zwischen den beiden Nationen ins Leben riefen, welcher sehr lange dauern sollte. Um Weihnachten 1680 landete Sharp in Juan Fernandez in dem Hafen, der nach ihm „El ingles" benannt wurde, band sein Schiff an einen starken Baum in der Nähe der Küste und begann Provision für seine Raubzüge zu sammeln, welche später die ganze Westküste in Unruhe versetzten. Eines Tages zeigte sich jedoch plötzlich am Horizont ein Segel, welches die Engländer in ihrer ersten Bestürzung für den Vorläufer einer grofsen feindlichen Flotte hielten und sofort das Weite suchten, während es nur ein in Chile stationiertes kleines spanisches Kriegsschiff war, das den englischen Seeräubern nicht standgehalten hätte. In der Eile hatten diese einen Indianer, wie solche sich damals viele unter der Mannschaft der Schiffe befanden, aus Central-Amerika mit Namen „Wilhelm" ans Land gelassen. Das ist, wie wir bald sehen werden, die Rothaut, welche Defoe dem

Robinson als Kollegen giebt und den er Freitag vom Tage, an welchem der Einsiedler ihn gefunden, benannte.

Der Seeraub entfaltete größere Ausdehnung, als die Reste der Mannschaft des oben genannten Sharp unter Anführung des später berühmten Seefahrers William Dampier und viele Abenteurer aller Nationen, unter denen sich ein Indianer mit dem für die nachfolgende Zeit bedeutungsvollen Namen Robin (Robin war ein uralter englischer Name und kommt schon in den Volksballaden aus dem 12. Jahrhundert als der eines bedeutenden Helden vor) befand, eine respektable Flotte von 10 bis 12 Schiffen formierten, mit denen sie die Küsten Perus und Chiles aufs schonungsloseste ausplünderten und nach jedem gelungenen Raubzug mit ihrer Beute die Insel Juan Fernandez als den passendsten Zufluchtsort und Verteidigungsplatz aufsuchten. Auf derselben entdeckten sie den von Sharp zurückgelassenen Indianer und erlösten ihn aus seiner langen Gefangenschaft. Dampier erzählt in seinem, im Jahre 1698 publizierten interessanten Buche über seine Reisen von demselben folgendes: „Dieser Indianer hatte in der vollständigsten Einsamkeit während mehr als drei Jahren gelebt, ohne daß ihn die Spanier, die von seiner Existenz Kunde hatten, hätten einfangen können. Er befand sich gerade auf der Jagd, als sein Kapitän Sharp plötzlich die Insel verließ, so daß er seine Flinte, ein Messer und ein Pulverhorn mit einigem Schießvorrat bei sich hatte. Nachdem dieser zu Ende war, formte er aus seinem Messer eine Art Säge und mit Hülfe derselben aus seinem Flintenschaft eine Angelstange, Lanze und Harpune, welche ihm zum Fischen vortrefflich dienten. Feuer machte er sich mit dem Steine seiner Flinte und schmiedete mit dem den Indianern eigenen Scharfsinn seine Waffen. Aus dem Felle der Seehunde fabrizierte er Angelschnüre und aus Ziegenhäuten erbaute er in einiger Entfernung von der Küste eine kleine Hütte, in der er schlief; ja er gelangte sogar zum Luxus einer bequemen Bettstelle."

Soweit der englische Seefahrer, dessen Werk dadurch erst recht an Bedeutung gewinnt, daß es 21 Jahre vor Robinson Crusoe publiziert worden ist.

Es liegen keine bestimmten Nachrichten darüber vor, ob und wieweit Defoe dasselbe benützt hat; aber es darf keinen Augenblick daran gezweifelt werden, daß er diesem interessanten Reisewerke den ersten Impuls zu seiner späteren so berühmten Novelle verdankte und daß er daraus für sein eigenes Werk, wie aus der obigen kurzen Schilderung hervorgeht, verschiedene und wichtige Elemente entnahm. Denn die Wahl des Namens Robinson, Sohn des Robin, der ja der Vorläufer von Crusoe war, konnte auf keinem bloßen Zufalle beruhen und Defoe wollte damit ausdrücklich seinem primitiven Modell und seiner allerersten Quelle ein ehrliches Dankesdenkmal setzen.

Kehren wir jedoch zu den englischen Seeräubern auf der Insel zurück. Nach der Verteilung der Beute ging es ans Spielen, und mancher verlor alles, was er besessen. Als sie im Jahre 1687 mit Schätzen reich beladen nach der Heimat zurückzukehren beabsichtigten, zogen fünf solcher Unglücksvögel, aus Scham mit geleerten Taschen neben ihren glücklicheren Gefährten das Vaterland zu betreten, es vor, ihren Leichtsinn durch freiwilliges Zurückbleiben auf dem einsamen Eilande zu büfsen. Und in der That wurde ihr Aufenthalt kein beneidenswerter. Auf dem Festlande hatten die Spanier von ihrer Anwesenheit Kenntnis erhalten und wilde Hunde auf der Insel losgelassen, teils um die Engländer damit zu hetzen, andernteils damit die Ziegen allmählich ausgerottet und den anlegenden Seeräubern das Proviantieren mit frischem Fleisch unmöglich gemacht würde.

Am 11. Oktober 1690 landete eine andere von England ausgerüstete Expedition unter Kapitän Strong in Juan Fernandez, das nach seiner Meinung einsam und verlassen war. In der Nacht jedoch leuchtete plötzlich in dem Dickicht der Wälder eine Feuersäule auf und flöfste den Seefahrern einen heillosen Schrecken ein, von dem sie nicht eher befreit wurden, als bis sie am nächsten Morgen in den fünf unglücklichen Spielern Landsleute erkannten, welche nunmehr erlöst wurden. Danach blieb die Insel einige Jahre sich selbst überlassen.

Die folgende gröfsere Expedition der Engländer nach Strong, wurde im Anfange des 18. Jahrhunderts dem bereits bewährten und bekannten Kapitän Dampier anvertraut: es waren die beiden Schiffe St. George mit 26 und Cinque-Porto mit 16 Kanonen. Auf dem letzten befand sich als Steuermann Alexander Selkirk, damals ein 27jähriger Jüngling. Sein richtiger Name war Selcraig und sein Geburtsort der kleine schottische Seehafen Largo. Als jüngster von sieben Brüdern im Jahre 1676 geboren, wurde bei seiner Geburt prophezeit, dafs er der Held von aufserordentlichen Abenteuern werden würde. Dem entsprechend zeigte er schon in seiner Jugend einen äufserst unruhigen Geist, war zänkisch und streitsüchtig und respektierte weder seine älteren Brüder, noch den eigenen Vater, der ihm einmal, wie in den Kirchenbüchern seines Geburtsortes aufgezeichnet steht, eine ganz gehörige Tracht Prügel angedeihen liefs, welche den Bengel noch störrischer gemacht haben soll. Als er jedoch seine Tollheiten sogar bis in die Kirche ausdehnte, jagte ihn die fromme Familie endlich fort. Von Jugend auf fühlte er Hang zur See und nahm nach dem Verlassen seines Heimatsdorfes Dienste auf verschiedenen Schiffen, auf denen er einen grofsen Teil der Welt kennen lernte. Nach

6 Jahren ununterbrochener Seefahrt kehrte er nach Largo zurück, war aber so verwildert, daß er mit seiner Familie in fortwährendem Zank und Streit lebte, so daß dieselbe froh war, als er aufs neue das Vaterhaus verließ, um nach England zu ziehen und sich dort auf einem der gegen die Spanier auszurüstenden Schiffe anwerben zu lassen. Glücklicherweise kam er mit Dampier, der als Seemann durch seine Umsegelung der Welt eine gewisse Berühmtheit erlangt hatte und seine Expedition gegen die Spanier vorbereitete, in Berührung. Diese Expedition bestand, wie schon erwähnt, aus den 2 Schiffen: St. George, welches Dampier selbst befehligte, und dem kleinen Cinque-Porto, auf dem Selkirk, der seiner frühen Vorliebe zur See wegen in der Schule in den mathematischen und nautischen Wissenschaften sich gründliche Kenntnisse erworben hatte, als Steuermann sofort angestellt wurde. Während der Reise starb sein Kapitän, ein sehr gutmütiger und milder Mann, und wurde durch Stradling, den 2. Befehlshaber, einen harten und despotischen Menschen, ersetzt. Der Tod seines geliebten Kapitäns erschütterte unsern Selkirk bis in sein innerstes Gemüt und weckte in ihm den Entschluß, lieber auf irgend einem einsamen Eilande allein zurückzubleiben, als sich der Roheit des neuen Befehlshabers auszusetzen. Darin bestärkte ihn ein Traum, daß sein Fahrzeug in einem Schiffbruch untergehen würde, und sein abergläubisches Vertrauen auf die Wahrheit der Träume gab seinem früheren Entschluß Nahrung, sich nach eigener Manier sein Glück und nach Weise des ersten Menschen eine Art von Paradies zu schaffen. Und hatte er so unrecht? Ist die Einsamkeit nicht ein Vergnügen, eine Notwendigkeit, ja ein zweites Leben für gewisse enttäuschte Seelen?

Auf die Ausführung seines Planes mußte Selkirk jedoch noch einige Zeit warten: Dampier hatte seit seiner Ausfahrt nur schlechte Erfolge gehabt, so eifrig er auch die Meere nach guten Brisen und die Küsten nach Gelegenheit zu Plünderungen ausforschte. Die Unzufriedenheit seiner Leute nahm auf beiden Schiffen zu und zwang ihn, denselben für einige Zeit in Juan Fernandez Ruhe und Erholung zu verschaffen, woselbst sie am 10. Februar 1704 anlegten und sich nach Herzenslust nach den langen und schweren Strapazen der Seefahrt „auf dieser reizenden Insel, die in Fülle grüne Matten, dichte Wälder und krystallklare Quellen darbietet", erholten. Die zahlreichen Ziegen gewährten ihnen frisches Fleisch, das sie schmerzlich bisher entbehrt hatten, die Seehunde Fett für ihre Lampen und die schmackhaften Fische eine köstliche Nahrung, so daß sie mit Recht die Insel ein „Elysium" nannten. Aber schon am 29. Februar erschien vor der Insel ein gleichfalls auf Seeraub ausgehendes mächtiges französisches Schiff, mit welchem die Engländer keine Lust hatten sich einzulassen und vor welchem sie so schleunigst das Weite suchten, dafs 5 Seeleute und ein Neger von der Mannschaft auf der Insel im Stich gelassen wurden. Die beiden englischen Kriegsschiffe begaben sich nach den nördlichen Küsten des amerikanischen Festlandes, konnten aber, vom Unglück verfolgt, nichts ausrichten. Deshalb beschlossen ihre Kapitäne, sich zu trennen, damit jeder auf eigene Faust sein Glück versuche. Stradling kreuzte mit seinem Cinque-Porto bis nach Mexiko hinauf, aber mit demselben schlechten Erfolge, und entzweite sich aufserdem nur noch mehr mit Selkirk, so dafs dieser um jeden Preis das Schiff verlassen wollte. Mangel an Lebensmitteln zwang seine Gefährten, nach Juan Fernandez zu segeln, woselbst sie sich ohne Schwierigkeit verproviantieren konnten. Im Oktober 1704 legten sie daselbst vor Anker und nahmen zu gleicher Zeit die Nachzügler an Bord. Diese beschrieben ihr Leben auf der Insel mit so glühenden Farben, dafs der eigensinnige Schotte mehr als je danach trachtete, seinen längst gehegten Plan jetzt auszuführen und auf dem Eilande allein zurückzubleiben. So liefs er sich denn, als die Bark zum Aussegeln fertig lag, ans Land bringen, mit seiner Bibel, Flinte, etwas Tabak, seinem Kleiderkasten, einer Axt, etwas Pulver und andern Kleinigkeiten, sich in einen förmlichen Rausch von Freude über seine endlich erlangte Freiheit versetzt fühlend.

Allein kaum war das Boot vom Strande wieder abgestofsen, überkam ihn plötzlich mit all seinen Schrecken das Gefühl der Verlassenheit, und er bat die Ruderer flehentlich ihn wieder abzuholen, da er in seiner lebhaften Einbildungskraft sich für sein ganzes Leben von der menschlichen Gesellschaft abgeschnitten sah. Das Herz brach ihm und seine Entschlossenheit hatte ihn vollständig verlassen; eine Heldennatur war er durchaus noch nicht. Er eilte tief in das Meer hinein und suchte seine Schiffskameraden durch Thränen zu rühren, die ihm jedoch lachend antworteten, dafs er ja mit seiner jetzigen Lage zufrieden sein könne, welche genau seinen Wünschen entspräche, und die seinen unruhigen Charakter schon bändigen würde. Verzweifelt sprang er ans Land und brachte die ganze erste Nacht schlaflos zu, ähnlich wie es dem Robinson Crusoe erging. Auch am nächsten Tage konnte er sich nicht an die Einsamkeit gewöhnen und wurde von einer furchtbaren Melancholie verfolgt. Stundenlang safs er auf den Bergen, um das Meer zu beschauen, mit der stillen Hoffnung, dafs seine Gefährten ihn noch nachträglich abholen würden. Allmählich erst überzeugte er sich von der Erfolglosigkeit seiner Hoffnungen. Das Lesen in der Bibel gab seinem niedergedrückten Geiste wieder etwas Spannkraft, und aufserdem zwang ihn die harte Notwendigkeit, an seinen Lebensunterhalt zu denken, zur Vernunft.

18 Monate vergingen, ehe er seine Schwermut beherrscht und sich

mit seinem Schicksale ausgesöhnt hatte. Wie der Mensch in seinem Naturzustande, wurde er zuerst Jäger. Solange sein Pulvervorrat dauerte, schoſs er die Ziegen; nachher muſste er sie durch die Schnelligkeit seiner Beine und durch List — wie es auch die heutigen Bewohner noch thun, wie wir später sehen werden — zu fangen suchen. So erlegte er mehr als 500 Ziegen. Einmal auf der Jagd auf einen kräftigen Ziegenbock, fiel er in der Hitze der Verfolgung in einen tiefen, vom Gestrüpp verdeckten Abgrund; als er sich von der Erschütterung durch den Fall erholt hatte und um sich sah, erblickte er den Ziegenbock, durch den Fall getötet zu seinen Füſsen, während er selbst keinen Schaden erlitten hatte.

Diese kräftigen Leibesübungen stählten seinen Körper auf wunderbare Weise, bewahrten ihn vor jeglicher Krankheit, erfrischten seinen Geist und erzeugten eine solche Schnelligkeit seiner Beine, daſs er die Hunde des Kapitäns Rogers, der ihn auf der Insel auffand, im Laufe bei weitem übertraf. Nach der Abnützung seiner Schuhe ging er barfuſs. Für die, welche die Insel besuchen, erregt der Marsch, den er jeden Tag von seiner Hütte nach dem ihm von den ersten Augenblicken an lieb gewordenen Aussichtspunkt: dem „Robinson's look out" unternahm, gerechtes Erstaunen, da ihn schwerlich ein Mensch heute in weniger als 3 Stunden und unter den unsäglichsten Anstrengungen zurücklegen kann, während die Macht der Gewohnheit denselben für ihn zu einem angenehmen Spaziergange gemacht haben muſste. Von den sämtlichen Offizieren und Mannschaften unter Kapitän Rogers wagte es nur ein einziger, Lieutnant Fry, ihn auf diesem Wege zu begleiten.

Seine Hütte, so glauben verschiedene Kritiker, hätte er aus Furcht vor den Spaniern im Hintergrunde des Thales, das sich von Puerto ingles gegen die Berge zu erstreckt, unter mächtigen Bäumen aufgerichtet, auf derselben Stelle, wo sein Vorläufer, jene Rothaut, gewohnt hatte. Doch ist dem nicht so: denn einmal genügte dem an die festeren europäischen Wohnungen gewöhnten Selkirk das luftige Dach des Indianers nicht; andererseits muſste er, der sein Leben hier abschlieſsen wollte, sich nach einer dauerhaften Wohnung umsehen und drittens erzählte der Offizier, der ihn beim Aufsammeln seiner Gerätschaften, welche wie Heiligtümer im Museum zu Edinburgh aufbewahrt werden, begleitete, zu bestimmt, daſs er die in der Nähe des Strandes gelegene, heute sogenannte Robinson-Grotte, bewohnt habe, als daſs daran gezweifelt werden könnte, und auch alle sonstigen Umstände sprechen für die Richtigkeit dieser Behauptung.

Damals lag sie nicht wie heute vollständig offen da gegen das Meer hin, sondern dichtes Gehölz und kräftige Bäume verdeckten sie dermaſsen, daſs sie von der Seeseite aus nicht zu sehen war, während man von ihrem Innern aus durch die schmalen Lichtstreifen, welche die Stämme hindurchfallen liefsen, das Meer nach allen Richtungen hin zu überblicken vermochte. Die Grotte sollte eigentlich Selkirk-Grotte heifsen; aber diese Usurpation des Namens Robinson beweist, dafs die Geschichtlichkeit der Abenteuer von Alexander Selkirk sich aufs innigste mit allen Dichtungen, welche Defoe dem Helden seiner Novelle beilegt, verschmolzen hat.

Betrachten wir uns die Grotte selbst etwas näher. Wenige Schritte von dem Strande des Puerto ingles erhebt sich ein kleiner Hügel von abgerundeter Form, bestehend aus grauer und roter Lava. Die Aushöhlung an der dem Meere zugekehrten Seite scheint in ferner Vorzeit das Werk der Wellen gewesen zu sein, wie die Natur ja oft dergleichen kapriziöse Formen aufweist. Die Grotte sieht innen wie ein grofser Backofen aus Lehm aus, zu welcher Bezeichnung deren rauchgeschwärzte Wände berechtigen. Sie mifst ungefähr 4 Meter in der Länge und 3 in der Breite; ihre Front ist mit roh bearbeiteten Brettern geschlossen und statt der Thür hat sie eine einfache Öffnung.

Die bei unserer Anwesenheit auf der Insel im April dieses Jahres in der Hütte vorgefundenen Gegenstände sind ganz entschieden kein Nachlafs von Selkirk, sondern stammen aus sehr moderner Zeit her, da ja noch in diesem Jahrhundert das fast ganz unzugängliche und abgeschlossene Thal der Robinson-Grotte, als Juan Fernandez ein chilenisches Staatsgefängnis war, den Verbrechern als ein verschärfteres Strafgefängnis angewiesen zu werden pflegte. Nichtsdestoweniger aber hielten unsere englischen Reisegefährten in ihrer Begeisterung für Robinson eine reiche Ernte unter den allerhand Gegenständen, deren historische Unechtheit aufser Frage stand, und stopften sich aufserdem die grofsen zu diesem Zwecke mitgebrachten Umhängetaschen mit von den Wänden abgeschlagenen Lavastücken voll, um eine so umfangreiche Sendung als möglich aus der berühmten Grotte nach England gelangen zu lassen.

Einen grofsen Eindruck erweckt die Betrachtung eines kleinen, von Selkirk in einer der Wände der Grotte ausgehöhlten Herdes und ein einen Meter tiefes in den Fufsboden gegrabenes Loch, welches dem Einsiedler für die verschiedensten Zwecke seines häuslichen Lebens gedient haben mufs, wie z. B. für das Aufbewahren des Feuers und der Werkzeuge, als Versteck in einem nächtlichen Anfalle, als Behälter für die Fische u. s. w. Augenblicklich fanden wir nur schmutziges Wasser und alte Kleidungsstücke darin vor, die unsere Engländer mit der ernstesten Miene von der Welt nach dem Ziegenfellanzuge des wahren Robinson untersuchten.

In dieser Grotte hielt sich Selkirk jedoch nicht immer auf, sondern nur während er kochte und zur Zeit der kälteren oder regnerischen Wintertage, oder sobald er einen sicheren Zufluchtsort gegen Gefahren brauchte. Als Aufenthaltsort in den wärmeren Sommermonaten baute er sich neben der Grotte eine bequeme Hütte aus Zweigen, welche er zugleich zum Beten benützte. Diese Hütte haben die späteren Bewohner der Grotte, seien es Gefangene oder Aufseher gewesen, zu erhalten oder neu wieder aufzubauen verstanden, um nicht allein auf die Grotte, in welcher der durch das Kochen erzeugte Rauch und Geruch das Verbleiben öfters sehr erschwerte, beschränkt zu sein.

Vor seinem Hause kultivierte Selkirk auf dem fruchtbaren Boden, den ein klarer murmelnder Bach des herrlichsten Wassers bespülte, die Küchengewächse, welche jener menschenfreundliche Jesuit auf der Insel eingeführt hatte. Bei Regen schützte ihn ein tragbares Dach von Ziegenfellen, genäht mit den Sehnen der Seehunde, weshalb Selkirk mit mehr Recht den Ruhm des Erfinders des Regenschirmes, als jener Londoner, dem ein Jahrhundert später die Erfindung zugeschrieben wird, beanspruchen könnte. Ein gewöhnlicher Schiffsnagel bildete ausreichend für seine erste Näherei seine Nadel und sein Gewand bestand aus Ziegenfellen, deren haarige Seiten er nach innen trug; aus demselben Material war seine Mütze von konischer Form, die noch heute Robinsonmütze benannt wird, hergestellt. Auch mit dem Holzschneiden versuchte er sich. Sein letzter heutiger Nachkomme bewahrt als heiligste Reliquie die Trinkkanne seines Ahnes, auf welcher dieser folgenden Vers eingegraben hatte: „Alexander Selkirk, das ist meine Kanne; wenn ihr mich an Bord nehmt, füllt sie mit Punch oder Flip" (dem bekannten englischen Getränk).

So also konnte er in einer gewissen Behaglichkeit und Glückseligkeit, welche er so sehnsüchtig und hartnäckig erstrebt hatte, leben. Belästigt wurde er nur durch die Ratten, welche jedenfalls auf den alten Schiffen des Seefahrers Juan Fernandez dort eingeführt worden waren und sich ins Unglaubliche vermehrt hatten; allein glücklicherweise waren auch Katzen auf die Insel frühzeitig importiert worden, welche Selkirk mit Sorgfalt pflegte und durch die er bald etwas Ruhe erlangte. Die Ziegen zähmte er, genau so wie Defoe, die Geschichte getreulich kopierend, von Robinson berichtet hat, für seinen Milchbedarf. Junge Ziegenböcke lehrte er allerlei tolle Sprünge zu seinem Vergnügen. Seine Insel gestaltete sich ihm allmählich zu einem kleinen Paradiese, da es auf derselben weder Schlangen, noch sonstige giftige oder wilde Tiere gab und ebensowenig heute giebt. Schiffe sah er viele vorbeisegeln, aber nur zwei spanische hatten geankert, deren Mannschaften ihn arg verfolgten, so daſs er einmal ihren zahlreichen Schüssen nur durch schnelles Klettern auf einen hohen Baum entrinnen konnte.

Endlich, nach einem Aufenthalte von 4 Jahren und 4 Monaten, schlug ihm am 31. Januar 1709 die Befreiungsstunde. An diesem Tage landete vor Juan Fernandez die unter Kapitän Rogers gleichfalls auf Kaperei der spanischen Handelsschiffe ausgesandte englische Expedition. Auch sie waren erstaunt, als sie in der Nacht auf der als einsam betrachteten Insel ein Feuer erblickten und entsetzten sich noch mehr, als am nächsten Morgen in sonderbarer Kleidung und von verwildertem Aussehen inmitten einer Gruppe zahmer Ziegen ein menschliches Wesen an den Strand herabkam, in dem sie erst nach einiger Zeit einen Landsmann erkannten. Trotzdem seine Einsamkeit kein dienstfertiger Freitag geteilt hatte, so daſs er also das Verlassensein viel tiefer als Robinson Crusoe fühlen muſste, wollte Selkirk anfangs den Bitten seiner Landsleute, sie an Bord zu begleiten, in seiner alten eigensinnigen Weise nicht folgen, und willigte nur nach langem Drängen ein, als man ihm feierlich versprach, ihn wieder, sobald er es verlange, auf die Insel zu schaffen. Die Sprache hatte er fast vollständig verlernt und konnte nur Silben nach Kinder Art hervorbringen; es soll lange gedauert haben, ehe er die Geläufigkeit seiner Gefährten im Sprechen wiedergewann.

Den Zeitraum, welchen Selkirk auf Juan Fernandez zubrachte, habe ich wahrscheinlich zu weitschweifig behandelt; aber für die richtige Auffassung des Wortes der Defoe'schen Schöpfung schien mir unumgänglich vonnöten eine breitere Ausführung der geschichtlich klar bewiesenen nackten, einfachen Thatsachen aus dem Aufenthalte unseres Einsiedlers auf Juan Fernandez, welche sich zu der lebensvollen interessanten Erzählung von Defoe verhalten wie die Puppe zum farbenprächtigen Schmetterling oder die eine Seite jener antiken Münze, auf der ein bloſses Knochengerüst des Menschen steht, zu der andern, auf welcher Prometheus den gottähnlichen Menschen in seiner ganzen körperlichen Schönheit aus dem Knochengerüst gebildet hat!

Nach zweiwöchentlichem Aufenthalte auf Juan Fernandez setzte Kapitän Rogers seine Raubzüge fort, jetzt von einem beispiellosen Glücke begleitet, von dessen Gröſse die Aufzählung der einem einzigen spanischen Schiffe weggenommenen Waren eine Idee geben wird: 1000 Ballen und 90000 Stück Seide aus China, 48000 Pfund Nähseide u. s. w., so daſs sie die schwersten Seidenstoffe, ohne verschwenderisch zu sein, als Segel verwenden durften. Sobald diese Expedition die Reise um die Welt vollendet, kehrte sie am 14. Oktober 1711 reich beladen nach London zurück.

Auch Selkirk war ein gemachter Mann und eilte, in kostbare Gewänder gekleidet, nach einer Abwesenheit von über 8 Jahren nach seinem Geburtsorte Largo, um seine Familie zu begrüfsen und jetzt ruhig in deren Schofse zu leben. Geschichtlich verbürgten Nachrichten zufolge brachte er seine Flinte, seine Umhängetasche und seine Mütze, Sachen, die er gebrauchte, während er noch „unumschränkter Herrscher von allem war, das sich um ihn herum ausdehnte", mit sich; die Flinte und Umhängetasche haben sich bis heute erhalten und werden allen Besuchern des Fischerdorfes gezeigt.

Aber die Berg-, Wald- und Wassergeister von Juan Fernandez hatten es ihm angethan: die Sehnsucht nach denselben verliefs ihn nicht mehr, selbst nicht als er sich gut verheiratet hatte. Seine Frau hiefs Sofia Bruce. Nach einem Jahre wurde er Witwer und ging wieder auf die See, in die königliche Marine eintretend, starb aber schon im Jahre 1723 im Alter von erst 47 Jahren. Wie viel länger würde er auf seiner Insel gelebt haben, ohne eine andere Braut als seine süfse Einsamkeit! So wenigstens sagte er selbst, nach den Erzählungen seines Zeitgenossen Steele, der mit ihm wiederholt in London gesprochen hatte, wenn ihn, was fast täglich der Fall war, düstere Melancholie und ein heifses Verlangen, wieder ganz allein, fern von den Menschen zu sein, überfiel. Dann pflegte er auszurufen: „O mein geliebtes Eiland! Ich wünschte, ich hätte dich nie verlassen! Niemals war ich ein besserer Mensch, als wann ich deinen Boden bewohnte; seitdem ich dich verlassen, bin ich nie wieder gut gewesen, und fürchte, ich werde es nie wieder werden können!" Das ist etwas Ergreifendes und ein ruhig versöhnender Abschlufs seines Lebens wie in einer Tragödie von Sophokles! —

Das Buch über die Reiseabenteuer von Kapitän Rogers, in welchem den Schicksalen Alexander Selkirks ein hervorragender Platz eingeräumt worden war, erschien im Jahre 1712 und erregte durch seine natürliche, kunstlose und wahrheitsgetreue Schilderung des Lebens des Einsiedlers auf Juan Fernandez von dem Tage seiner Veröffentlichung an sofort ein allgemeines Interesse, welches erst durch das spätere Defoe'sche Werk in den Schatten gestellt wurde. In demselben Jahre 1712 folgte eine andere Erzählung über das gleiche Thema von Kapitän Cooke und 1713 eine Bestätigung der Wahrheit desselben, geschrieben von dem oben erwähnten Steele.

Defoe fand somit ein vollständig ausreichendes Material vor, als er zur Abfassung seines im Jahre 1719 vollendeten Robinson Crusoe schritt, und hatte obendrein den wirklichen Helden, der in England bald eine grofse Popularität genofs, persönlich gekannt. Für ihn war die Arbeit also eine leichte. Über die Richtigkeit seiner Wahl konnte kein Zweifel aufkommen, wie er aus dem Erfolge des Rogers'schen Buches selbst ge-

sehen hatte. Es handelte sich nur um zwei Sachen für ihn, wenn er
diesen grofsartigen Erfolg überbieten wollte: nämlich erstens um dem
allgemein bekannten Stoffe neue, fesselnde Elemente hinzuzufügen und
denselben zu einem harmonischen, in sich abgeschlossenen Ganzen zu gestalten; zweitens um die Handlung auf einem ihm persönlich bekannten
Terrain vor sich gehen zu lassen. Den ersten Punkt wufste er meisterhaft zu behandeln, mufste aber verschiedene tief eingreifende und den
wahren Sachverhalt gänzlich verändernde Erfindungen machen, welche
seinem Buche entschieden zu gute kamen, ihm selbst aber von vielen
seiner Zeitgenossen zum Vorwurf des Mangels an Wahrhaftigkeit angerechnet wurden. Für den zweiten Punkt hatte er ein gleiches Glück
und brachte durch die notwendige Veränderung der Scenerie in seine
Erzählung eine ihr vorteilhafte Abwechselung gegenüber den früheren
Berichten der Lebensschicksale von Selkirk hinein. Da Defoe nämlich
selbst nicht nach Juan Fernandez zu reisen Gelegenheit hatte, versetzte
er, wie er auf dem Titelblatte zu der ersten Ausgabe aussagte, die
Hauptscenen seines Buches auf eine verlassene Insel an der Mündung
des Orinoco, welche er auf seinen abenteuerlichen Fahrten persönlich besucht hatte. Dadurch war er imstande, die von dem Protagonisten bewohnten Gegenden mit den Farben der Wahrheit zu malen und auf diese
Weise dessen Abenteuern eine bei weitem gröfsere Wahrscheinlichkeit
und einen reelleren Hintergrund zu verleihen, als wenn er irgend eine
erdichtete Insel oder das ihm nur aus den Beschreibungen bekannte
Juan Fernandez gewählt hätte. Diese Veränderungen der Ereignisse,
Personen und Orte, abgesehen von dem eigenen gröfseren Talent als
Schriftsteller, gewannen für sein Werk von hause aus ein lebhafteres
Interesse im Vergleich mit den vorhandenen Berichten, hatten aber die
Folge, dafs man in der späteren Zeit den wahren Sachverhalt der Entstehung des Defoe'schen Robinsons vollständig vergafs und allerlei Hypothesen über das oder die wirklichen Vorbilder dazu aufstellte, welche
aber niemals die vielen Verschiedenheiten der Originale und des Robinson
Crusoe befriedigend erklärten und nur zu ganz unnötigen Verwirrungen
der einfachsten Thatsachen im Laufe der Zeit führten, obgleich es doch
viel näher lag, nach Vorbildern unter den Erscheinungen der damaligen
Mitwelt zu suchen.

Einen nicht unbedeutenden Kreis von Anhängern fand die Behauptung, dafs ein spanischer Schiffbrüchiger, Pedro Serrano, der zwei Jahrhunderte früher als Selkirk auf einer einsamen und verwüsteten Insel der
Antillen gelebt hatte, das Vorbild zum Robinson Crusoe gewesen sei,
weil die landschaftlichen Scenereien, unter denen er lebte, nur den Tropen
und nicht dem gemäfsigten Klima von Juan Fernandez angehören könnten,

und weil Pedro Serrano nicht wie Selkirk in vollständiger Einsamkeit gelebt hätte. Der Lebensgefährte, welchen Defoe seinem Helden giebt, kann gern aus einer Anregung durch die Lektüre der Abenteuer des Spaniers entsprossen sein, erklärt sich aber ohne Gewaltthätigkeiten und natürlicher aus der Geschichte von Juan Fernandez, wie wir früher gesehen haben. Von den Schicksalen des Pedro Serrano sind überhaupt nur einige kurze Nachrichten uns übermittelt worden, von denen einige allerdings Anklänge an Robinson Crusoe verraten; aber nach einem so gewaltigen Ereignisse, wie es ein Schiffbruch an einsamer Insel ist, werden sich überall und immer eine Reihe von inneren und äufseren Vorgängen vollziehen, welche bei den verschiedensten Scenerieen und verschiedensten Charakteren doch immer eine gewisse Ähnlichkeit haben müssen.

Am Ende des dritten Jahres hatte Serrano nämlich das Glück, einen Genossen in einem zweiten Schiffbrüchigen für seine Einsamkeit zu finden, mit dem er nach einigen Streitigkeiten beim Beginn ihres gemeinschaftlichen Lebens vier Jahre lang in gröfstem Frieden zusammenwohnte. Endlich erlöste sie ein Schiff aus ihrer Gefangenschaft; allein Serrano konnte sich ebensowenig wie Selkirk an ruhiges Zuhausesitzen gewöhnen, irrte wie ein Heimatloser in der Welt umher und starb auf einer seiner Reisen in Panamá.

Aufserdem mufs hervorgehoben werden, um die Unmöglichkeit, dafs Serrano als Vorbild für Crusoe gedient hat, sofort endgültig zu beweisen, dafs dieser und sein Gefährte ein höchst monotones und unglückliches, fast tierisches Leben führten, weil auf der gänzlich öden und vegetationslosen Insel sich ihre ganze Thätigkeit einzig und allein auf Aufsammeln von an den Strand geworfenen Seetieren für ihre ausschliefsliche Nahrung beschränkte und wobei also höhere Interessen als die der tierischen Erhaltung des Daseins gar nicht in Betracht kommen konnten! Wie ganz anders ist die Insel gestaltet, auf welcher Robinson verweilte und deren wunderbare Scenerieen Selkirks Insel, Juan Fernandez, durchaus nicht in den Schatten stellen, wie wir später sehen werden; und wie reiches inneres und äufseres Leben mufsten diese paradiesischen Inseln für ihre Bewohner entfalten, denen die Einsamkeit nicht zur Last geworden ist: für den Spanier können wir nichts als Mitleid, für die schottischen Einsiedler müssen wir Anteil, Bewunderung, ja etwas wie stillen Neid fühlen!

Defoe selbst war in aufsergewöhnlicher Weise für die Herausgabe eines solchen Werkes, wie der Robinson Crusoe, berufen; Talent, Charakter und Lebensschicksale begünstigten ihn vortrefflich dazu. In seiner Jugend genofs er eine sehr vielseitige Ausbildung und war in allen Wissenschaften sehr wohl bewandert. Zu seinem Nachteil hatte er sich dem Kaufmannsstande gewidmet, ohne aber zu gleicher Zeit seine litterarischen Beschäftigungen aufzugeben. Durch diesen Lebenszwiespalt kam er in keiner der beiden Berufsarten vorwärts, machte Bankrott und vermochte nur durch angestrengtes geistiges Arbeiten seinen zerrütteten Verhältnissen wieder aufzuhelfen. Auf dem Gebiete der politischen Schriftstellerei, der er sich nunmehr hauptsächlich hingab, erntete er reichliche Lorbeeren neben pekuniären Vorteilen, erwarb sich aber in moralischer Beziehung einen sehr schlechten Ruf. Die heutigen Engländer suchen, damit der Mensch Defoe nicht so enorm tief unter den Schriftsteller zu stehen kommt, die vielen vernichtenden Thatsachen aus seinem öffentlichen Leben mit gröfster Sorgfalt zu verbergen und sie sogar mit einer Art von Heiligenschein zu umgeben. Aber die Thatsachen sind eben nicht wegzuleugnen: Defoe hat seine Feder, wenn es etwas zu verdienen galt, an alle Parteien verkauft und es selbst verschuldet, dafs er der gröfste Lügner seiner Zeit genannt wurde. „Aber, sagt einer seiner Kritiker, abgesehen von allen seinen Fehlern, war er es nicht, der den Robinson Crusoe geschrieben hat? Wenn wir uns an der saftigen Frucht laben, was kümmert es uns, den Baum zu kennen, der diese Frucht getragen hat?"

Von allen seinen zahllosen Schriften sind nur wenige noch erhalten, und vielleicht würde sein Name heute kaum erwähnt werden, wenn er nicht das Buch von Robinson Crusoe geschrieben hätte, das ihm auch für die kommenden Jahrhunderte denselben Ruhm sichert. Der Erfolg seiner Novelle war ein gewaltiger und rief eine wahre Flut von Nachahmungen hervor, von denen in den ersten 40 Jahren seit dem Erscheinen des Robinson Crusoe 56 Stück das Licht der Welt erblickten, ohne dafs aber eine auch nur im entferntesten dem Defoe'schen Werke nahe käme, da man ihnen das Lügengewebe zu deutlich ansah.

Selbst Defoe war berauscht von dem eigenen Erfolge und meinte durch zwei Fortsetzungen, welche er in ziemlich langen Zwischenpausen erscheinen liefs, seine erste Leistung überbieten zu können. Wenn man in ihnen auch die meisterhafte Feder des ersten Teiles wiedererkennt, so stehen sie doch in der Bearbeitung des Stoffes unendlich tief hinter demselben zurück und werden heute mit Recht nur in seltenen Fällen gelesen, da sie nur künstlich gemachte und mühsam zusammengesuchte Scenen aus den letzten Jahren des Helden nach seiner Befreiung von Juan Fernandez enthalten.

Über die Verbreitung seines Buches ist die Notiz interessant, dafs der deutsche Reisende Burckhardt den Robinson Crusoe ins Arabische übersetzt fand und dessen Abenteuer unter dem Namen „Perle des Oceans" unter den wandernden Tribus Arabiens in den Abendstunden laut vorlesen hörte. In gewisser Beziehung muſs es in Anbetracht des an Vergötterung streifenden Kultus, welchen die Engländer seit dem Erscheinen des Defoe'schen Werkes bis auf die Gegenwart dem Robinson Crusoe gezollt haben, mit Recht auffallen, daſs für diese populärste Persönlichkeit der englischen Litteratur erst im Jahre 1885 die erste Statue, und zwar in seinem Geburtsorte Largo, in Schottland, errichtet worden ist. Die Anregung dazu ging von dem reichsten Grundbesitzer des Ortes, David Gillies, zugleich einem Angehörigen der Familie Selkirks, aus und wurden die nötigen Mittel durch eine alle Volksschichten umfassende Sammlung aufgebracht. Für die Aufstellung des Denkmals wählte man einen freien Platz vor der am Strande des Meeres gelegenen Hütte, in welcher der berühmte Einsiedler das Licht der Welt erblickt hatte und die aus gleicher Vermischung von Geschichte und Novelle, wie wir dieselbe bei der Robinson-Grotte auf Juan Fernandez wahrgenommen haben, seit Selkirks Zeiten nur mit dem Namen „Crusoe's Hütte" bezeichnet worden ist. Die Einweihung der schönen Bronzestatue fand unter auſsergewöhnlichen Feierlichkeiten und in Gegenwart einer zahllosen Menschenmenge, unter denen hohe Persönlichkeiten und sämtliche lebende Absprößlinge der Familie des Gefeierten anwesend waren, statt. Das Dorf war mit sechs kostbaren Triumphbogen geschmückt, durch welche hindurch die Gewerke und Genossenschaften des Ortes in glänzender Prozession nach dem Festplatze aufzogen. Die Einweihungsrede hielt Lord Aberdeen. In herzlichen, ergreifenden Worten gedachte er der eigenen schönen Kindheit, als ihm seine Mutter das erste Mal den Robinson Crusoe vorlas, ehe er selbst lesen konnte, und stellte darauf die groſsartigen Erfolge des Buches von Defoe in das beste Licht. Da von Selkirk keine bei Lebzeiten gemachte Abbildung vorhanden war, muſste für die Statue eine ideale Figur geschaffen werden, welche hier nur geringe Schwierigkeiten darbot und deren Vollendung dem mit der Ausführung der Statue beauftragten Künstler vollkommen gelungen ist, so daſs man auf den ersten Blick in der Bronzefigur den Helden der Novelle erkennt.

Crusoe ist mit einer rohen, kurzärmeligen Jacke aus Ziegenfell und mit Hosen aus demselben Stoffe bekleidet, welche die kräftigen Beine vom Knie an nach unten unbedeckt lassen, während die Füſse in sockenartigen, mit dicken Lederstreifen umwundenen Sandalen von Fell stecken. Mit seiner linken Hand stützt er sich auf die Flinte, die Rechte schützt die Augen gegen die Sonne, welche sehnsuchtsvoll in die Ferne nach einem befreundeten Schiffe aussehen. Ein alter schottischer Degen ohne Scheide steckt in einem über die Schultern geworfenen Gehänge; im Gürtel trägt er auf der linken Seite eine alte Pistole und ein kurzes

Beil. Eine niedrige Mütze aus Fell bedeckt sein Haupt. Das Gesicht, von dichtem, verwildertem Backen- und Schnurrbart beschattet, zeigt den der ganzen Figur und den Charakter der Erzählung entsprechenden Ausdruck der Sehnsucht nach der Heimat, zu gleicher Zeit den der mutigen, standhaften Ausdauer, im Falle dafs die Erfüllung jener noch lange auf sich warten lassen solle. Den traditionellen Sonnenschirm, der doch von der Person des Crusoe unzertrennlich und in allen Illustrationen zu den Ausgaben der Novelle typisch geworden ist, hat man vergessen oder wohl absichtlich unterdrückt, weil sonderbarerweise die Abbildung der ersten Auflage des Defoe'schen Werkes denselben nicht enthalten hat. Eine Abbildung der Statue in Largo hat die am 6. Februar 1886 erschienene Nummer 2442 der englischen illustrierten Zeitschrift „The illustrated London News" gebracht.

Aber nicht nur über England verbreitete sich Defoe's Robinson Crusoe mit bisher in der Litteratur beispielloser Schnelligkeit, sondern er fand mit gleicher Schnelligkeit in den andern Ländern Eingang. Noch in demselben Jahre 1719 erschien die erste französische und im folgenden Jahre 1720 die erste deutsche Übersetzung. Die letztere hatte einen so ungeahnt reifsenden Absatz, dafs sie in demselben Jahre 1720 fünfmal aufgelegt werden mufste.

Auf deutschem Boden fafste die englische Novelle sofort von dem ersten Augenblicke an wegen der Verwandtschaft in dem Wesen der beiden Völker festere Wurzel als in sonst einem anderen Lande. Die Zufriedenheit mit seiner Einsamkeit, zu welcher der Schiffbrüchige auf der fernen, üppigen Insel sich schliefslich aus der düstern Melancholie der Aufangsperiode emporarbeitete, erweckte in dem Herzen der Deutschen die lebhafteste Sympathie, weil in ihnen seit allen Zeiten eine ähnliche Schwärmerei und ähnliche Begeisterung für die Einsamkeit vorhanden gewesen ist und auch für immer vorhanden sein wird. Daher hatten sie an dem äufseren Abenteuer des Helden vor und nach seiner Abgeschlossenheit wenig oder gar kein Interesse und suchten lieber die innerlichen Vorgänge des zur Einsamkeit Verurteilten zum Hauptgegenstand ihrer schriftstellerischen Thätigkeit zu machen, welche in selbständigen Nachahmungen des Robinson Crusoe eine erstaunliche Fülle produzierte. Die erste selbständige Nachahmung datiert schon aus dem Jahre 1722 und hat folgenden Titel: „Deutscher Robinson oder Bernhardt Creutz" in Schwäbisch-Hall. Demselben folgten unzählige andere: so ein italienischer, französischer, sächsischer, schlesischer, schwedischer u. s. w. Robinson; desgleichen eine Masse von Robinsonaden, die sich nach den Berufsarten ihrer Helden oder sonstigen Beziehungen betitelten, z. B. ein geistlicher, ein medicinischer, ein jüdischer, ein moralischer Robinson u. s. w. Von allen dem originalen Robinson in mehr selbständiger Art nachgebildeten Abenteuergeschichten in deutscher Sprache verdient als poetisch wertvollste bezeichnet zu werden diejenige unter dem Namen „Insel Felsenburg", welche im Jahre 1731 bis 1743 von Joh. Gottfr. Schnabel herausgegeben worden ist.

Aber die Übersetzung der Defoe'schen Novelle, später mit dem Namen „Robinson der Ältere" belegt, konnte nicht eher aus dem Felde geschlagen werden, bis Campe seinen in meisterhafterweise für die Schuljugend umgearbeiteten „Robinson der Jüngere" veröffentlichte, der die sämtlichen Nachahmungen verdrängte und der einzige Robinson Crusoe geblieben ist, den wir in Deutschland allgemein kennen und lesen.

Kehren wir nunmehr zur Geschichte von Juan Fernandez zurück, die auch ohne Selkirk für einige Zeit interessant erscheinen wird. Im Jahre 1720 lag Jorje Shelvoke, der Kapitän eines Kaperschiffes, im Hafen der Insel vor Anker, als durch einen furchtbaren Sturm die Kette zerrifs, das Schiff aufs Land geschleudert und die Mannschaft während 5 langer Monate auf der Insel zu bleiben gezwungen wurde, bis sie ein kleines Fahrzeug gebaut hatten, um damit das Festland zu erreichen. Die dramatische Schilderung, welche Shelvoke 1726 zu London über seinen Aufenthalt auf der Insel herausgab, ist ergreifend und beginnt folgendermafsen: „Es war Nacht und schauerlich klangen durch dieselbe die traurigen Töne der Seehunde, welche in solcher Menge dalagen, dafs wir sie aufscheuchen mufsten, um uns einen Weg zum Gehen zu bahnen. Nichts weiter bot sich unsern Blicken dar als Felsen und Abgründe, undurchdringliche Wälder, senkrecht aufsteigende Berge, deren Gipfel sich in den Wolken verbargen, und ein sturmgepeitschtes Meer, die Ursache unseres Unterganges! Dem ersten Schrecken folgte die Ruhe und das Verständnis für die Schönheiten der Insel, so dafs derselbe Schriftsteller bald bekennen mufste, dafs jedes Fleckchen der Insel ein Paradies sei und dafs er auf seinen Reisen nichts Romantischeres angetroffen habe. In dem endlich fertig gewordenen Boote fanden nicht alle Mannschaften von Shelvoke Platz, so dafs 24 Personen, von denen 11 Engländer waren, auf der Insel zurückbleiben mufsten, ohne dafs man je über deren Schicksal etwas erfahren hätte.

Im Jahre 1738 brach der dritte Krieg zwischen England und Spanien aus, in welchem beide Nationen mächtige Flotten ausrüsteten, weil der Schwerpunkt nunmehr sich um die fernen Kolonieen drehte. Die englische Flotte befehligte Lord George Anson, langte aber erst nach Jahr und Tag und mit dem allein geretteten Admiralsschiff und einer von Skorbut bis auf 30 Matrosen reduzierten Mannschaft vor Juan Fernandez an, wo er glaubte, nur sein Grab zu finden. Zum Niederlassen des Ankers war die Mannschaft zu schwach; erst mufste Gras von der Insel geholt werden, welches die Kranken mit tierischer Gefräfsigkeit verzehrten. Trotzdem starben 12 Leute, aber mit seligem Lächeln auf dem Antlitz, angesichts des wunderbaren Panoramas, welches ihre letzten Blicke einsogen. Die übrigen Leute erholten sich allmählich, Dank der vielen auf der Insel wachsenden antiskorbutischen Pflanzen, so dafs Lord Anson nach dreimonatlichem Aufenthalte die Kaperei wieder aufnehmen und später, aufs reichste mit Schätzen beladen, nach England zurückkehren konnte.

Die Beschreibung dieser 3 auf Juan Fernandez zugebrachten Monate bietet das Interessanteste dar, was je über diese Insel gesagt worden ist, und liest sich wie eine vorzügliche Novelle, so dafs das betreffende Buch selbst heute noch in England wohl bekannt und viel gelesen ist. Aber nicht nur die Schönheiten der Insel erfafst der englische Lord; er vergifst darüber ebensowenig ihre wichtige geographische Lage, auf deren Vorteile für sein Vaterland er in seiner Reisebeschreibung aufs nachdrücklichste hinweist. Wenn er über die genügende Anzahl Schiffe und Mannschaften, und wären es nur die Hälfte von denen gewesen, mit denen er Englands Küsten verlassen hatte, verfügt hätte, er würde sofort von dieser strategischen Inselgruppe festen Besitz genommen haben. In der That hätte Juan Fernandez für die britische Nation eine Insel Malta im Stillen Ocean werden können; ja im Parlament wurde davon gesprochen, sie gegen Gibraltar einzutauschen, um in ihr den notwendigen Stützpunkt für alle Unternehmungen auf diesem Weltteile zu besitzen.

Aber dieselbe Reisebeschreibung, welche den Engländern die Augen öffnete, rüttelte die langsamen Spanier glücklicherweise aus ihrem trägen Schlafe auf, so dafs sie sofort beschlossen, die Insel zu bevölkern und zu befestigen, um dadurch ihr Eigentumsrecht auf dieselbe aufser Frage zu stellen. Den wirklichen Wert der Insel erkannten sie freilich damals und später ebensowenig, wie ihn bisher die chilenische Regierung begriffen hat.

Der erste, der auf die Verwandlung der Insel in eine blühende Kolonie, wozu sie die Natur aufs freigebigste ausgestattet hat, hinwies, war Benjamin Vicuña Mackenna in seinem vortrefflichen Buche über Juan Fernandez. Im vorigen Jahrhundert hatte allerdings die Lage von Juan Fernandez und infolge dessen die regelmäfsige Verbindung mit Valparaiso etwas Unbequemes: denn fast auf demselben Breitengrade gelegen, kostete es bei der vorherrschenden östlichen, südlichen und nördlichen Richtung der Winde beinahe mehr Mühe und Zeit nach Juan Fernandez von Valparaiso aus zu segeln, als erst die Reise nach Callao zu machen und auf dem Rückwege dort anzulegen, welchen Umweg man im vorigen Jahrhundert sehr oft in dieser Weise gemacht hat, so dafs die Insel mehrere Male von Hungersnöten trotz ihrer Nähe am Festlande beimgesucht worden ist. Wenn sie dagegen nördlicher gelegen hätte, würden die herrschenden Südwinde die Segelschiffe schnell und ohne Schwierigkeit dahin gebracht haben. Heute in der Zeit des Dampfes fehlt ihr weiter nichts, als eine regelmäfsige Dampferlinie, welche die Entfernung der 360 Meilen oder 670 Kilometer auf einen und einen halben Tag höchstens verkürzen würde, während die Segelschiffe der Insel bis drei Wochen Zeit gebrauchen, um nach Valparaiso oder von da zurück zu gelangen.

Die Spanier wufsten mit Juan Fernandez nichts Besseres anzufangen, als die Insel in einen festen Platz und später in ein Staatsgefängnis für die gemeinen und politischen Verbrecher des ganzen westlichen spanischen Amerikas, von Panamá an bis zum Kap Horn zu verwandeln. Die Festung wurde auf dem niedrigen, aber die Bucht vollständig beherrschenden Hügel in dem Hauptthale der Insel, gegenüber der Bai Juan Bautista in geringer Entfernung vom Meere gebaut und an ihrem Fufse die Stadt. Am 25. Mai 1751 jedoch stürzte sich das Meer auf das Land, rifs den gröfsten Teil der Häuser weg und begrub 38 Menschen in seinen Wellen. Mit frischem Eifer baute man die Stadt aufs neue wieder auf, diesmal mehr landeinwärts, an der westlichen Seite der alten Festung. Zur sicheren Bewachung der Gefangenen mufsten sich diese am Ende des 18. Jahrhunderts ihre eigenen Wohnungen graben, d. h. weit in den Berg hineingehende Löcher, an dem Abhange des Hügels, auf welchem die Festung liegt. Es waren sieben dieser Löcher, welche mit einer einen Meter hohen Öffnung begannen und nach innen zu niedriger wurden, so dafs ein erwachsener Mensch darin nur sitzen oder liegen konnte. Die Gänge, die noch heute vollständig erhalten sind, mögen eine Länge von 30—40 Meter haben; einer derselben war für die Kirche bestimmt und deshalb etwas geräumiger als die übrigen ausgegraben worden. Wenn man im Hafen ankert und der sieben sonderbaren Höhlen ansichtig wird, kann man sich beim besten Willen keine Rechenschaft über ihren Ursprung und deren Verwendung geben. Dort in diesen feuchten und dunklen Höhlen, welche von Insekten und Ungeziefer voll waren, wurden die unglücklichen Gefangenen jeden Abend, mit eisernen Stangen an den Füfsen versichert, eingeschlossen.

Einige Gouverneure verfielen, um die Gefangenen in Ruhe zu erhalten und die Insel mehr zu bevölkern, auf eine edlere und praktischere Idee: sie verlangten nämlich Zusendungen von Mädchen, deren im Jahre 1772 zuerst 12 Stück vom Festlande aus dispatschiert wurden. Diese

Kolonisations-Methode steht, wie Benjamin Vicuña Mackenna erzählt, übrigens nicht vereinzelt da; 1749 soll New-Orleans in Nord-Amerika auf ähnliche Weise bevölkert worden sein.

So genofs die Insel nach aufsen hin der Ruhe, da sie von den Engländern nicht mehr belästigt wurde. Auch im Innern war es anscheinend still; aber schon begannen die wilden, dort auf engem Raume zusammengebrachten Elemente der bösen Geister der Menschheit zu gären. Die Überwachung der Gefangenen war bei der geringen Ausdehnung des leicht zugänglichen Teiles der Insel wohl eine mühelose. Allein die Wächter der Gefangenen, d. h. die Soldaten konnten hier nicht dasselbe Vertrauen wie auf dem Festlande einflöfsen. Erstens betrachteten sich die nach Juan Fernandez geschickten Garnisonen wegen der vollständigen Abgeschlossenheit, in der sie von der übrigen Welt lebten, selbst als eine Art Gefangener und hatten darin nicht Unrecht: ihre Ablösungen erfolgten nie regelmäfsig, so dafs sie öfters Monate und Jahre darauf warten mufsten; ferner hatten sie Mangel an vielen Dingen zu leiden, die nicht gerade zum Leben notwendig sind, an die sich aber der Mensch gewöhnt hat und die er bei ihrer Entbehrung um so stärker vermifst; und schliefslich wurden sie sogar von Hungersnöten heimgesucht, welche naturgemäfs von den Garnisonen mit weniger Gleichmut als von den Gefangenen ertragen wurden.

Zweitens verwilderten die Soldaten in dem monotonen und trägen Leben auf der Insel, das für sie ja nur den einen Zweck, die Verbrecher zu bewachen, das für sie aber den gröfseren Nachteil hatte, dafs sie fern von dem wohlthuenden Einflusse der Familie, der Freunde, der Frauen und fern von dem Wechsel in der Beschäftigung zu leben gezwungen wurden.

Drittens mufste in Juan Fernandez dasselbe eintreten, was in allen isoliert liegenden Strafkolonieen der Welt eingetreten ist: die Gefangenen wurden nicht verbessert, sondern sanken tiefer in die tierischeste Roheit hinunter, in deren Abgrund sie ihre Wächter, die Soldaten, mit hineinrissen. Die Geschichte von Juan Fernandez ist ein sprechender Beweis davon, wie schnell der civilisierte Mensch in der Einsamkeit verwildert, wo dem Entfalten des unwiderstehlichen, nicht bezähmten Instinktes seiner rohen Natur keine hemmenden Schranken gesetzt sind. Wie richtig schildert Vicuña Mackenna in seinem bereits citierten Werke diese Wahrheit: „Wenn der Mensch der Natur, der Einsamkeit, dem undurchdringlichen Walde, den unzugänglichen Klippen zurückgegeben wird, an dessen Fufs der Bach im Abgrund schäumt oder wo das tosende Meer die Felsen bedeckt, sich allmählich entfernend von den Gewohnheiten der Familie, der Frau, der Liebe zu den Kindern, verfällt er wieder in seinen primitiven d. h. rohen Naturzustand, und es macht nichts aus, ob sich die ei u en Sträflinge — und Wächter die an deren nennen: denn da der gemeinsame Käfig ein einziger ist, so verschmelzen die Gesinnungen, die Begierden und das Laster aller in einen einzigen Strom" u. s. w.

Diese allgemeinen Betrachtungen werden genügen, um eine Vorstellung von den tragischen Scenen, welche sich während des Zeitraums von 1750—1837 auf der Insel zutrugen, gewinnen zu können, da diese schwerlich so schauerlich, so blutig und so mannigfaltig auf so kleinem Raum in irgend einem Lande wiedergefunden werden. Bald brachen die Revolutionen unter der Garnison, bald unter den Geächteten zuerst aus; bald mufste für einige Zeit die Insel als Gefängnis aufgehoben werden, bald wurde sie aufs neue wieder dazu eingerichtet.

Auch die Befreiung Chile's von dem spanischen Joche am Anfange dieses Jahrhunderts brachte für die Insel keine Veränderung und keine Verbesserung. Das Schreckliche, das Entsetzliche der Scenen steigerte sich sogar für einige Zeit, so dafs im Anfange der zwanziger Jahre ein Gouverneur in seiner Todesangst vor Soldaten und Gefangenen die Insel mit beiden verlassen mufste. Erst im Jahre 1837 wurde Juan Fernandez formell als Staatsgefängnis aufgehoben, und zwar infolge der Landung einer peruanischen Flotte, welche, als die chilenischen Heere im Herzen Peru's operierten, vor der Insel erschien, den Platz zur Übergabe aufforderte und den Gefangenen die Freiheit wiedergab.

Von 1837 bis 1869 wurde die Insel nur von einigen Fischern bewohnt, von Walfischfängern nur vorübergehend betreten und hin und wieder von einigen namhaften Reisenden durchwandert. Sonst lag Totenstille über ihren üppigen Fluren; alle Welt hatte Schrecken und Furcht vor jenem Platze, den man als einen verrufenen anzusehen begann und auf welchem die Gespenster des Verbrechens und die Schatten der Ermordeten ungestört ihr Wesen treiben konnten. Ein dauernder Zuzug von neuen Einwohnern vermochte sich nicht zu bilden; denn die Neuankommenden sahen, dafs den spärlichen älteren Angesessenen das Leben auf der Insel sehr zur Last fiel, und verspürten daher keine Lust, sich daselbst anzusiedeln.

Als der gegenwärtige Pächter, Herr von Rodt, auf Juan Fernandez einzog und die ältesten Leute nach der Lebensweise auf der Insel befragte, erzählte man ihm von all den Erscheinungen, die es zu jeder Zeit daselbst gäbe; man höre Seufzer, weil so viel Blut auf ihrem Boden vergossen worden sei; man sähe Irrlichter, erblicke Gestalten und vernehme Beten, und nur wenige seien beherzt genug, um nach der Dunkelstunde ihre Häuser zu verlassen. Sogar am hellen Tage, sagte man ihm, gehe man allein nur ungern an einsame Stellen des Waldes, weil man dort sprechen höre oder lautes Auflachen vernehme. „Es ist sicher, schreibt Herr von Rodt an einen Freund, dafs in den nicht bewohnten Teilen der Insel die Einsamkeit so grofs und das nur durch das Getöse der Wogen und das Geschrei der Seemöven unterbrochene Schweigen so tief ist, dafs sogar ich selbst oft sonderbare und übernatürliche Stimmen zu hören geglaubt habe." Dazu kommt, dafs die Grabesstille der Nacht durch die gänzliche Stummheit der Hunde noch weit unheimlicher wirkt: denn sämtliche Hunde, welche früher auf die Insel versetzt worden sind oder jetzt darauf versetzt werden, verlernen in kurzer Zeit das Bellen vollständig.

Auf die Entstehung und teilweise natürliche Erklärung dieser so zahlreichen Sagen und Gespenstergeschichten kommen wir ausführlich im zweiten Teile zurück. Auffallend ist ihr Vorhandensein jedoch nicht: überall in der Welt knüpfen sich an Gefängnisse, düstere Burgen, in denen Gefangene geschmachtet haben, an einsame Orte, wo Verbrechen verübt worden sind, bald mehr, bald weniger schauerliche Sagen.

Im Jahre 1868 setzten der Kommandant und die Offiziere des amerikanischen Kriegsschiffes Topaze eine eiserne Platte dem Andenken von Selkirk auf dem Look out, von wo aus er täglich seine Rundschau über den Horizont zu halten pflegte. Der Wortlaut der Inschrift auf derselben ist folgender:

„Zum Andenken des Seemannes Alexander Selkirk, gebürtig aus Largo, in der Provinz Fife, in Schottland, der auf dieser Insel in vollständiger Einsamkeit 4 Jahre und 4 Monate lebte. Er wurde ans Land gesetzt vom Schiff Cinque Ports, mit 96 Tonnen und 16 Kanonen, im Jahre 1704 und erlöst von dem Duke, Korsarenschiff, am 21. Februar 1709. Er starb als Seelieutenant Ihrer Majestät Marine, auf dem Weymouth, 1728, im Alter von 47 Jahren. Dieser Denkstein ist am Look out (dem Aussichtspunkt) von Selkirk durch den Kommandanten Powell und die Offiziere der Fregatte Topaze im Jahre 1868 gesetzt worden."

Diese Denktafel bildete gleichsam den Leichenstein für die Romantik und Poesie der Insel, welche nach den unglücklichen Erfahrungen, die man mit ihrer Verwendung zum Staatsgefängnisse gemacht hatte, nunmehr zu einem prosaischen Handelsgute, um welches gefeilscht wurde, zu einem vermieteten Weideplatze herabsank. Die Insel wurde für 500 Thaler jährlich verpachtet; aber selbst diese ungemein niedrige Summe konnte aus ihrem Ertrage nicht aufgebracht werden, weil die Pächter anfangs keine Arbeiter fanden, welche die verrufene Insel betreten wollten und weil alle Arbeiter, die später unter grofsen Kosten und unsäglicher Mühe angeworben worden waren, sich nur für kurze Zeit festhalten liefsen.

Um diesem Zustande ein Ende zu machen, beschlofs im Jahre 1877 die chilenische Regierung, die Verpachtung von Juan Fernandez in öffentlicher Auktion an den Meistbietenden zu vergeben, auf welche Weise man hoffte, Kapitalisten für die Ausbeutung der Insel heranzuziehen und diese dadurch zur Blüte zu entfalten. Denn über die Möglichkeit, die in ihr verborgenen Reichtümer ans Licht zu ziehen, konnte kein Zweifel existieren; aber man verschwieg sich ebensowenig, dafs dieses Resultat nur durch gröfsere Kapitalien und durch eine jahrelange Ausdauer und jahrelange harte Arbeit erreicht werden würde. Die chilenischen Geldmänner hielten sich jedoch noch von der Auktion fern, weil ja der Anfang die gröfsten Schwierigkeiten darbot und weil man in Chile sein Geld nur dort anlegt, wo vom ersten Tage an Interessen gewonnen werden. Daher beteiligten sich an der auf den 6. April 1877 festgesetzten Versteigerung nur einige wenige Ausländer, von denen der gegenwärtige Pächter, Alfred von Rodt, den die europäische Presse „den letzten Robinson" benannte, die Pachtung zugesprochen erhielt.

Er war aus guter Familie geboren und für die Waffen bestimmt gewesen. Am österreichischen Kriege von 1866 nahm er teil, wurde verwundet und bereiste zu seiner Genesung erst Spanien, nachher Frankreich. Beim Ausbruche des französischen Krieges kämpfte er als Schweizer gegen Deutschland. Nach den Schreckensscenen der Kommune setzte er seine abenteuerlichen Reisen fort und gelangte über Brasilien zu Lande nach Chile, woselbst er nach einem Aufenthalte von einem Jahre die Bewirtschaftung der Insel Juan Fernandez antrat, um auf jenem einsamen Felsen, wo Selkirk für Robinson Crusoe Modell gesessen hatte, den Lärm eines bewegten, aber unbefriedigten Lebens zu vergessen. Mit Recht hat man ihm den Titel „der letzte Robinson" beigelegt, als ob man geahnt hätte, dafs er die lange Reihe der Einsiedler auf Juan Fernandez endgültig beschliefsen würde. Wie wir später sehen werden, kann die Insel in erfolgreicher Weise einzig und allein vom chilenischen Staate selbst oder von einer grofsen, einflufsreichen Gesellschaft ausgebeutet werden. Ein einzelner Mann ist es nicht imstande, wie Herr von Rodt bald erfahren sollte, den traurigen Folgen, welche einem so vereinsamten Leben anhaften, einen abwehrenden Damm entgegenzusetzen.

Trotzdem seine Körperkraft und Gesundheit zur Zeit der Antretung der Pacht nichts zu wünschen übrig liefsen, trotzdem er ein für damalige Verhältnisse grofses Kapital von 60 000 Thalern nach der Insel brachte und trotzdem er anfangs rüstig an deren Ausbeutung und Emporbringung arbeitete: — heute ist er ein müder, körperlich und geistig schwächerer

Mann, sein Kapital bis auf den letzten Heller verbraucht und der Zustand der Insel ein noch traurigerer als bei seiner Übersiedelung nach derselben. Von seinem Eilande kann er, obgleich der Pachtkontrakt bereits im April 1885 abgelaufen und nicht wieder erneuert worden ist, sich ebensowenig wie Selkirk trennen, weil er es eben so lieb als der Schotte gewonnen hat.

Dem Zauber der Insel sich zu entziehen ist unmöglich, was alle, welche längere Zeit auf ihr gelebt haben, an sich erfahren mufsten und dessen Berechtigung wir im zweiten Teile dieses Buches sehen werden. Um den ersten aber, in welchem wir die Schreckensscenen der früheren und die Schreckenssagen der neuen Zeit besprochen haben, nicht ohne versöhnenden Schlufs zu lassen, mögen die aus der Anfangsperiode seiner Robinson-Epoche herrührenden schönen Worte des Herrn von Rodt über Juan Fernandez hier ihren Platz finden. Als er nämlich den Reichtum der Güter aller Arten schilderte, welche die verschwenderische Natur aus ihrem unerschöpflichen Füllhorne über die Insel ausgebreitet hat, vom blauen Meere bis zu den dunklen Wäldern, von dem gesundheitsspendenden und lieblichen Süfswasser bis zu der parfümierten und reinen Luft, sagte er begeistert, dafs wenn ein moderner Adam auf der Welt ein fernes und ungestört einsames Plätzchen suchen wollte, um daselbst ein Eden anzulegen, wo er alle Herrlichkeiten, die in der Welt zerstreut seien, auf einem Flecke auskosten könnte, so würde er sicher, ohne zu schwanken, Juan Fernandez erwählen und hier würde er inmitten der Genüsse des irdischen Paradieses vor den gefährlichen Versuchungen der Schlange unfehlbar sicher sein!

Die Cumberland-Bai. Im Vordergrund der Gemüsegarten des Pächters.

Zweiter Teil.

Beschreibung der Insel und unser Besuch auf derselben im April 1885.

Juan Fernandez gehört zu den Fluren, von denen Jean Paul sagt, dafs dort die Natur auf ihren Wanderungen durch die Welt verweilend in süfse Träume versank und aus ihrem unerschöpflichen Füllhorn Reiz auf Reiz, Zauber auf Zauber auf dieselbe herniederströmen liefs. Deshalb sind auch, worauf bisher nur vorübergehend aufmerksam gemacht werden konnte, von den ältesten bis auf die neuesten Zeiten die Schilderungen derer, welche die Insel betreten haben, in gleicher Weise begeistert gewesen. Dies Glück ist in der ganzen Welt nur wenigen Plätzen und Gegenden zu teil geworden. Die meisten haben es sich gefallen lassen müssen, dafs der Mensch mit dem Wechsel der Zeit auch seine Ansicht über ihre landschaftliche Schönheit geändert hat. Die alten Griechen lebten unter dem glücklichsten Himmel, in einem der gesegnetsten Striche der Erde; aber die Natur, so treu und umständlich sie dieselbe auch schildern, beschreiben sie, worauf schon Schiller und Humboldt hinwiesen, mit nicht gröfserem Herzensanteil, als wenn sie von einem Schild, einer Rüstung, einem Gewand sprechen. „Die Natur," sagt Schiller, „scheint mehr seinen (des alten Griechen) Verstand, als sein moralisches Gefühl zu interessieren; er hängt nicht mit Innigkeit und süfser Wehmut an derselben, wie wir Neueren." Bekanntlich vermochte den Cäsar auf seiner Reise durch die Alpen deren wilde, grofsartige Schönheit von seinen grammatischen Studien nicht abzulenken. Auch in allen folgenden Jahrhunderten sah man die Alpen nur als ein Hindernis an, welches die Verbindung zwischen Italien und Deutschland erschwerte, bis in der Sturm - und Drangperiode der Geschmack eine edlere Ausbildung erhielt und man die Natur mit mehr Interesse anzusehen begann. Speciell das Verständnis der Erhabenheit der Alpenwelt hat das epochemachende Hallersche Gedicht „Die Alpen" angebahnt. Den langweiligen sandigen Boden zu Ingelheim, wo Karl der Grofse seinen Palast erbaut hatte, zählte man seinerzeit unter die malerischesten Gegenden Deutschlands. Die freien baumlosen Plätze pries man im waldreichen Germanien; heute, weil die Wälder seltener geworden sind, preist man diese. Sogar für die Lage Berlins schwärmte man einst, während die der Schweizerstädte nicht beachtet wurde. Im Mittelalter, der Zeit des gotischen Stiles, liebte man die kahle Gebirgsnatur, in der Rokokozeit mit ihren Überladungen und Schnörkeln die zugestutzten Bäume und konnte dem natürlichen Wuchs derselben keinen Geschmack abgewinnen. Jede Generation hat eben andere Ansichten über Naturschönheiten aufgestellt.

Unter allen Nationen ist die innige Freude an der Natur dem beschaulichen Hang der germanischen am meisten eigentümlich und hat sich in einem hohen Grade seit den frühesten Gedichten des Mittelalters ausgesprochen und schliefslich unsere deutschen Sitten und Lebenseinrichtungen bis ins Innerste durchdrungen. Etwas Ähnliches gilt von den Engländern, wenngleich diese bei ihrem praktischen Sinne sich mäfsiger als wir Deutsche in Gefühlsschwärmereien ergehen. Nichtsdestoweniger übertreffen sie uns in ihrem Enthusiasmus für alles, was mit Robinson Crusoe zusammenhängt, wovon sie einen glänzenden Beweis geben, als im März des vergangenen Jahres die Zeitungen Chile's verkündeten, dafs zwei Engländer aus Valparaiso den konfortablen und schnellen Dampfer Maipo zu einer Fahrt nach Juan Fernandez für 5 Tage, während des Osterfestes, gemietet hätten und für diesen interessanten Ausflug Teilnehmer suchten, wobei sie sich aber ausdrücklich das Recht der Zurückweisung von ihnen nicht passend erscheinenden Reisegefährten vorbehielten. Ohne Frage mufste eine solche Vorsicht nur gebilligt werden.

In wenigen Tagen hatten sich 108 Passagiere der verschiedensten Typen und Nationalitäten gefunden: Engländer, welche die überwiegende Mehrzahl bildeten, Franzosen, Deutsche, Nordamerikaner und unter ihnen achtbare Greise, fröhliche Jünglinge, würdige Matronen und blühende Mädchen, welche alle den lebhaften Wunsch hegten, die Plätze kennen zu lernen, wo der universell bekannte Held der Robinson-Legende, beschirmt von seinem Ziegenfelldach und gefolgt von seinem treuen Hunde, in freiwilliger Verbannung gelebt hatte. Deshalb wohl war über diese so verschiedenen Nationen und Persönlichkeiten, von denen sich die meisten hier das erste Mal begegneten, eine so ganz andere Weihe der Eintracht, ich möchte sagen Brüderlichkeit, ausgebreitet, als es sonst bei solchen Vereinigungen heterogener Elemente der Fall ist, so dafs unsere Reise diejenige einer einzigen aufsergewöhnlich zahlreichen Familie zu sein schien. Es ist also nicht zu verwundern, dafs diese Fahrt sehr interessant war, ohne irgend welche störenden Zwischenfälle beendet wurde und noch heute nach Jahresfrist alle Teilnehmer sich mit der gröfsten Wärme jener herrlichen 5 Tage erinnern!

Mit englischer Pünktlichkeit gab Kapitän Stewart, ein bewährter und zugleich liebenswürdiger Seemann, dessen Name wesentlich das Gelingen der Expedition gefördert hatte, am Osterdonnerstage, den 2. April 1885, frühmorgens um $8^1/_2$ Uhr das Zeichen zur Abfahrt. Langsam wand sich der Maipo zwischen den vielen vor Anker liegenden Schiffen hindurch, von denen mancher freundliche Grufs zu uns herübertönte. Aufserhalb des Hafens erhob sich eine leichte Brise von Süden, welche das nur mit dem nötigen Kohlenbedarf beladene Dampfschiff wie einen leichten Ball schaukelte, aber noch nicht verhinderte, dafs die sämtlichen Passagiere nach dem wohlbesetzten ersten Frühstücke, bei welchem die mitgenommenen drei Musiker ihr Debut machten, auf Deck fröhlich promenierten, um das herrliche Panorama zu geniefsen, welches die Küste von Valparaiso darbietet. Bald war sie jedoch nur als Küste von Chile sichtbar, und als auch diese aus den Augen schwand, grüfste uns allein vom Festlande her das schneeige Riesenhaupt des Aconcagua.

Aus der Brise war unterdessen ein scharfer Südwind geworden, welcher das Meer in gröfsere Aufregung versetzte. Am Abend waren die meisten Reisenden dem unbequemen, aber nie fehlenden Begleiter der Seefahrten, der Seekrankheit, als Opfer verfallen und blieben entweder in ihren Kajüten liegen oder safsen unbeweglich in warmen Tüchern eingehüllt auf Stühlen und Bänken, welche in grofser Anzahl auf den Verdecken angebracht waren. Erst als man am nächsten Vormittage, Karfreitag, den 3. April 1885, das ersehnte Land zu schauen hoffte, entschlossen sie sich ihre trüben Augen nach dem Punkte zu richten, von wo aus ihnen die Erlösung aufgehen sollte, wissend, dafs die Erwartung, bald wieder festen Boden unter den Füfsen zu haben, auch den schlimmsten Seekranken ihre Lebenskraft wieder zurückgiebt.

Endlich um 12 Uhr mittags tauchte aus dem Nebel des Horizontes eine dunklere Masse auf: die Insel Mas a tierra, welche in kurzer Zeit Form und Gestalt annahm und unsere Aufmerksamkeit nunmehr aufs lebhafteste fesselte. In dichten Gruppen standen sämtliche Passagiere auf dem vorderen Teile des Ober- und Unterdeckes; Wind, Wellen und das starke Schwanken des Dampfers waren vollständig vergessen: wir sollten ja vor Sonnenuntergang das geheiligte Eiland von Robinson Crusoe betreten, mit dem sich unsere Einbildungskraft seit frühester Jugend beschäftigt hatte. Würde das Bild der Wirklichkeit entsprechen? — Mit nicht gröfserem Interesse blickten die Kreuzfahrer von den Hügeln auf das nach unsäglichen Mühen errichtete Thal von Jerusalem, als wir auf die vor uns liegende Insel, welche klarer und klarer aus den Wogen emporstieg und bereits verschiedene Töne der Färbung erkennen liefs. Mit dem tiefen Schwarz der hohen aus der Mitte des Landes aufsteigenden Berge, welche dicht bewaldet zu sein schienen, kontrastierte das helle Gelb der ins Meer abfallenden Vorsprünge, welche wir für ausgedörrte, öde Strecken hielten.

Sanfter wehte der Wind, ruhiger gingen die Wellen und schneller teilte sie der Kiel des Maipo, dem Hafen zustrebend. Da lag er schon vor uns: die steilen Felswände waren zurückgetreten, und grünes Land berührte das blaue Meer.

Vor dem Hafen kreuzte ein stark bemanntes Boot, in demselben ankerte ein kleines Segelschiff, auf dem sanft atmenden Meere sich wiegend, und auf einer mäfsigen Erhebung des Thales der Cumberland-Bai, auf welche der Maipo zusteuerte, wehte die chilenische Flagge als Grufs des heimatlichen Bodens. Der Pächter der Insel, Herr von Rodt, wollte uns nämlich einen seinen Kräften entsprechenden Empfang bereiten. „Der letzte Robinson" hatte kurz nach Mittag, mit dem geschärften Blicke des Seebewohners an der dunklen Färbung des Horizontes einen Dampfer erkannt und Zeit genug gehabt, die wenigen Männer seines Inselreiches aus ihren zerstreuten Wohnungen zusammenzurufen, um sein stattlichstes Boot mit ihnen zu bemannen und uns entgegenzufahren.

Gegen $4^{1}/_{2}$ Uhr abends erreichten wir die Cumberland-Bai, gingen in deren Mitte bei 30 Faden Tiefe vor Anker und konnten nun mit Mufse und Ruhe in dem Genusse, endlich das ersehnte Land in nächster Nähe vor uns zu haben, schwelgen. Was die im ersten Teile dieses Büchleins citierten Seefahrer und Reisenden über das wunderbare Panorama der Insel gesagt hatten, fanden wir vollständig bestätigt, bedauerten nur, es nicht praktisch wie einige Engländer angefangen zu haben, welche zwei eigene Böte mit zugehöriger Bedienung aus Valparaiso mitgebracht hatten, in denen sie sofort, unabhängig von dem Willen des Kapitäns, ans Land ruderten. Wie wir später erfuhren, hatten sie, als alte Bekannte auf Juan Fernandez, die Hütten der Einwohner ohne Verzug aufgesucht, um alles aufzukaufen, was die Insel Merkwürdiges, Seltenes und für das Geschäft auf dem Festlande Verwertbares bietet, zum Beispiel: Stöcke aus der Rinde der Chontas, Rahmen für Bilder und Spiegel aus den verschieden gefärbten Holzarten in Mosaikform verfertigt, Seeschwämme, bemalte Seehundszähne, Felle der wilden Ziegen, Stücke von Sandelholz in roher oder künstlicher Verarbeitung, Muscheln u. s. w.

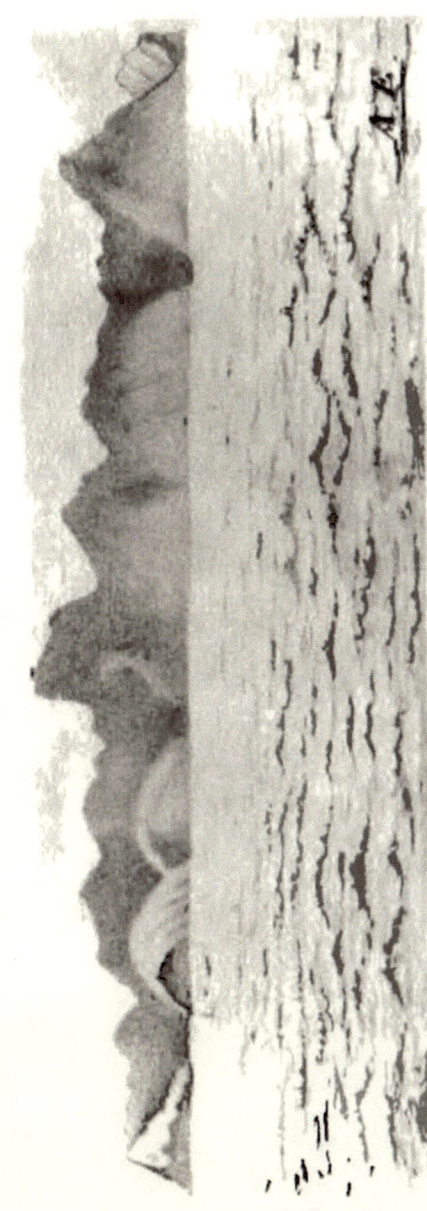

Juan Fernandez, von Norden aus in einer Entfernung von 20 Seemeilen gesehen.

Alle diese Sachen lassen sich die Insulaner ganz gut bezahlen; sie werden aber trotzdem in Chile selbst und noch mehr im Auslande zu hohen Preisen wieder verkauft, so dafs also Geschäftsleute, welche an einer Reise nach der Robinson-Insel teilnehmen, neben körperlicher Erholung und geistigem Vergnügen auch zuweilen recht bedeutende pekuniäre Vorteile ziehen können. Wir, die wir zum erstenmal jenen berühmten einsamen Felsen erblickten und nur Augen für dessen wunderbare Poesie besafsen, ohne im entferntesten der prosaischen Schacherei des Lebens zu gedenken, fanden am nächsten Tage nur einige Reste vor, welche von den Engländern vergessen oder für zu gering befunden worden waren, und waren somit gezwungen, auf eigene Faust des Andenkens würdige Gegenstände als Erinnerungen an Juan Fernandez zu suchen.

Noch bot sich keine Gelegenheit zur Überfahrt nach dem nahen Lande, das wir nicht müde wurden vom Deck des Dampfers aus zu betrachten, das Bild, welches der geschäftige Geist von dem Augenblicke an, wo wir uns zur Fahrt entschlossen hatten, aus den Reminiscenzen aus der früheren Lektüre des Robinson Crusoe zusammengestellt hatte, mit der wirklichen Gegenwart vergleichend. So wenig auch Defoe auf eine breite Ausführung und farbenprächtige Ausstattung der landschaftlichen Schilderungen des Eilandes, welches der Held seiner Novelle bewohnte, in seiner einfachen und nüchternen Schreibweise Sorgfalt legte, so hatte sich die lebhafte Phantasie des Kindes dennoch einen eigenartigen, aber klaren und bis auf die Einzelheiten genauen Begriff jenes Inselreiches zu bilden verstanden, welcher in den vielen zwischen der Jugend- und der Manneszeit liegenden Jahren nicht verwischt worden und der während der Reise wieder frischer vor unsere Seele getreten war. Da, meinten wir, würden wir eine Insel mit sanft ansteigenden Küsten antreffen, hier und dort nur einige Felsen, alles bedeckt mit üppiger Vegetation, aus welcher der schlanke Stamm der stolzen Palme emporrage, da und dort niedrige und leicht zu besteigende Berge, von deren höchstem Gipfel das Auge unbehindert nach allen Seiten hin das kleine Reich des Einsiedlers übersehen könne. Die uns zugemessene Zeit sei zwar kurz, aber lang genug, um die Insel von einem bis zum andern Ende in bequemer Wanderung zu Fufs zu durchstreifen, welches Vergnügen wir bei den Terrainverhältnissen des chilenischen Festlandes seit unserer Abreise aus Deutschland uns hatten versagen müssen. Vor Sonnenaufgang würden wir aufstehen, uns, nach Art der Spaziergänger Robinson Crusoe's, mit den nötigen Lebensmitteln für einen Tag versorgen und dann nach Lust und Laune in der herrlichen Natur herumlaufen, bis der Abend uns zur Rückkehr auf das Schiff zwänge. Ein Santiaguiner Freund, der die Insel schon besucht hatte, riet uns, lieber den dortigen

Pächter um ein Pferd zu bitten, damit wir durch längere Fufstouren uns nicht unnötigerweise ermüdeten und einen möglichst grofsen Teil des Landes in Augenschein nehmen könnten. An den Pächter der Insel hatten wir bisher noch gar nicht gedacht; der gab unserer Einbildungskraft eine andere Richtung: als Deutsch-Schweizer würde er uns zum frühen Morgenimbifs ein lange entbehrtes Glas süfser, frischer Milch und ein kräftiges Stück Schwarzbrot mit köstlicher Butter reichen und darauf einen feurigen Gaul satteln lassen, auf dem wir in die herrliche Landschaft hineinjagen würden.

Solcher Gestalt waren die Träume, welche uns umgaukelten, ehe wir den Maipo betraten. Sobald derselbe den Hafen Valparaiso's verlassen hatte, holten wir das dickleibige Buch über Juan Fernandez von Benjamin Vicuña Mackenna hervor, um unseren Geist aus jenen phantastischen Robinsongegenden auf die wirkliche Selkirkinsel zu versetzen und durch diese Lektüre die langen Stunden der Überfahrt nützlich und praktisch zu verwenden. Dafs das Reich des Robinson von dem des Selkirk grundverschieden sei und das letztere zu den geträumten Fufspartieen und Ritten nur wenig Gelegenheit bieten würde, erkannten wir bald und wurden anfangs recht stark ernüchtert. Allein die begeisterten Schilderungen derer, welche die Insel persönlich gesehen, richteten unsere geknickten Hoffnungen wieder auf. Aber zu bestimmten, klaren Ansichten über dieselbe konnten wir uns nicht durcharbeiten, weil der chilenische Schriftsteller den von ihm beschriebenen Schauplatz — trotz seiner geringen Entfernung von Chile — selbst nicht betreten hatte und keineswegs das Talent von Schiller besafs, der in Wilhelm Tell die schweizerischen, dem Drama als Hintergrund dienenden Gegenden so getreu und so naturwahr geschildert hat, als habe er seit seiner Kindheit Tagen dort gewandelt. Immerhin aber gewährte uns das Lesen des an Material so reichhaltigen Buches einen grofsen Vorteil und aufserdem begann der Anblick der Insel die Gedanken bereits zu klären, was natürlich durch unsern Besuch auf derselben vollständig der Fall sein mufste. Hoffentlich gelingt es mir, im Nachstehenden dem freundlichen Leser ein klares Bild von Juan Fernandez zu entrollen.

Unser Dampfer war, wie bereits bemerkt wurde, in der Mitte der Bai San Juan Bautista oder der Cumberland-Bai, welchen Namen sie nach Lord Ansons Aufenthalt erhalten hatte, vor Anker gegangen. Diese Bucht ist die einzige geräumige und tiefer in das Land hineingehende der Insel; aber grofse Sicherheit bietet sie als Hafen nicht, teils wegen der heftigen und häufigen von den Bergen sich plötzlich herabstürzenden Stürme, welche glücklicherweise nur kurze Zeit dauern, teils wegen des schlechten aus Schlamm und Muscheln bestehenden Ankergrundes. Dagegen erlaubt ihre bedeutende Tiefe den Schiffen ein Ankern in geringer Entfernung von der Küste. Bei der stiefmütterlichen Behandlung, welche die Insel von seiten der Spanier früher und von der der Chilenen jetzt erfahren hat, hielt man es für nicht der Mühe wert, einen bequemen Anlegeplatz für die Böte zu bauen. Die gegenwärtig diesem Zwecke dienende Treppe ist bei Ebbe kaum zu benutzen, aber bei Flut, welche an der Insel ungefähr 2 bis 3 Fuſs steigt, lebensgefährlich, selbst wenn das Meer verhältnismäſsig still ist. An der Seite befindet sich die Mündung des Hauptbaches der Insel, welcher zur Bequemlichkeit der hier um flieſsendes Wasser zu holen anlegenden Schiffer in seinem äuſsersten Teile in weit über das Land hervorragende Holzrinnen eingefaſst ist. Einige Schritte davon nach Osten hat der Pächter eine Art von Stapelplatz errichtet, auf welchem die beiden den Verkehr zwischen Juan Fernandez und dem Festlande besorgenden Segelschiffe aus heimischem Holze erbaut wurden.

In derselben Richtung am Strande weitergehend, begegnen wir einem steil ins Meer abfallenden mäſsig hohen Bergzug, welcher vollständig kahl ist und dessen Färbung mit dem gesättigten Grün des Thales scharf kontrastiert. Hinter diesem folgt eine kleinere Einsenkung, auf deren üppigem Graswuchs das Auge mit Wohlgefallen verweilt: denn nun beginnt mit der Punta Loberia eine mächtige Felswand, welche nach der östlichsten Spitze zu, der Punta Bacalao, bis über 800 Fuſs emporsteigt und deren nackte, vegetationslose Gesteine von dem Meere selbst bespült werden. Bis hierher reicht nach Osten zu der von dem Schiffe aus gesehene Teil der Insel, während er im Westen mit der Punta San Carlos abschlieſst. Zwischen diesem letzteren Punkte und der Landungsbrücke ist die Küste vollkommen flach, welche Erscheinung an dem ganzen Umfange von Juan Fernandez sich nur an äuſserst wenigen Stellen wieder vorfindet. Der Strand selbst wird von groſsen, abgerundeten Steinen bedeckt, die, ein bewegliches Spielzeug der Brandung, von den anprallenden Wogen mit dumpfem Geräusche durcheinander geworfen werden. Dahinter dehnt sich eine gröſsere, durchweg bewachsene Ebene aus, welche in einiger Entfernung von der Küste sanft ansteigt, ein kleines Hochplateau bildet und dahinter ohne die Vermittelung von Vorbergen in die mächtigen Bergriesen übergeht, deren höchster, der Yunque, die nicht unbeträchtliche Höhe von 927 m erreicht. Sein Name bedeutet „Ambos", und in der That ist er seiner kühnen, majestätischen Gestaltung wegen des Armes und Hammers von Vulcan, dem Gotte der Schmiede, würdig. An seinem Fuſse, den in alten Zeiten noch das frische Grün der Wälder bekleidete, welche im Laufe der Jahre der Axt zum Opfer gefallen und die gegenwärtig nur auf den Höhen anzutreffen sind, hatte sich Lord Anson angesiedelt und jene köstliche Zeit verlebt, deren Schilderung auch heute unser Interesse erweckt. Im Thale erblicken wir jetzt nur vereinzelte Bäume, gewissermafsen als Markzeichen für die spärlichen Holzhütten der zerstreut wohnenden Fischer dienend, unter deren dichtem immergrünem Laubdache sie im Sommer Schatten und Schutz gegen den Regen im Winter finden.

Aber nicht immer war über die Insel die stille Ruhe und tiefe Einsamkeit ausgebreitet, in welcher wir sie von dem Deck unseres Dampfers erblickten: derselbe niedrige Hügel, der sich wenige Schritte oberhalb des eben erwähnten Stapelplatzes in dem Vordergrunde der Cumberland-Bai erhebt und gegenwärtig auf seinem breiten Rücken nichts anderes als die lustig flatternde chilenische Fahne trägt, war dereinst der Träger der starken Festung, an deren Seite die Häuser der leichteren politischen und gemeinen Verbrecher lagen, während unter seinem Fufse die schweren Verbrecher in den 7 engen Erdhöhlen, mit eisernen Fesseln belastet, eingesperrt wurden! Der paradiesische Wohnsitz von Alexander Selkirk war zum Käfig für Verbrecher entweiht worden! —

Die Stadt und die Festung sind allmählich vom Erdboden verschwunden, aber jene schauerlichen Höhlen für die Nachwelt erhalten geblieben. Die Öffnung der gröfsten von ihnen hat Herr von Rodt mit einem weifsgetünchten Bretterverschlage schliefsen und auf denselben einen riesigen schwarzen Anker malen lassen, der, auf grofse Ferne sichtbar, für die vorbeifahrenden Schiffe die Stelle eines Leuchtturmes bei Tage vertreten und sie zum Einlaufen in den Hafen einladen soll! — Allein dies sonderbare Aushängeschild hat nichts Verlockendes an sich und vielleicht mit dazu beigetragen, dafs die in der Nähe der Insel sich aufhaltenden Walfisch- und Stockfischfänger bei irgend welchen Bedürfnissen, welche sie ebensogut aus Juan Fernandez beziehen könnten, lieber den weiten Weg nach der freundlich einladenden, im Süden von Valparaiso gelegenen Bucht von Talcahuano einschlagen und den Zeitverlust von einer Woche vorziehen, nur um nicht den Fufs auf jenes verrufene, vereinsamte Eiland zu setzen! Herr von Rodt hat es eben bisher nicht im entferntesten verstanden, die geographische Lage der Insel und ihre grofsen Reichtümer zu seinem eigenen und des chilenischen Landes Besten auszubeuten, und vollständig Unrecht, sich über sein Mifsgeschick zu beklagen, an dem allein er selbst schuld ist!

Die Stunde des Diners war herangekommen, das uns, weil das Schiff ruhig lag und sämtliche Plätze besetzt waren, einen ganz besonderen Genufs gewährte. Nach Aufhebung der Tafel begann es bereits zu dunkeln; aber wir konnten unsere Ungeduld, die Insel Selkirks zu betreten, nicht zügeln und baten den Kapitän, uns in einem der Böte des Dampfers ans Land zu setzen. Ein leises Beben nur durchzitterte das Meer, und nach wenigen Minuten legten wir an der Treppe an, deren Besteigung — es war gerade die Zeit der Ebbe — uns wirklich Mühe kostete. Oben angelangt, begrüfste uns mit heiterem Geplauder aus seiner engen Holzrinne heraus das Bächlein, der Sohn des Yunque, und murmelte uns ein freundliches Willkommen zu. Links in einer gröfseren Einfriedigung blickten uns mit verwunderten Augen die Pferde und Kühe des Pächters an. Jene sind sonderbarerweise durchweg schwarz, diese fast alle weifs. Nach rechts zu führt ein breiter Weg, der jetzt mit dichtem Rasen bewachsen ist, aber in den Zeiten der Strafkolonie die viel befahrene Verbindungsstrafse der Stadt mit dem Hafen war, zu dem nahe gelegenen Hause des Herrn von Rodt, von welchem aus früher der Gouverneur die Insel beherrschte. Es ist ein langes, einstöckiges, halb zerfallenes Gebäude, dessen vorspringendes, schadhaftes Schindeldach von weifsgetünchten Holzsäulen getragen wird, an welche einige alte Stühle verdrossen und mürrisch angelehnt standen. Wie man vom Kleid auf den Menschen, so kann man vom Haus auf dessen Bewohner schliefsen. Trotz der spärlichen Beleuchtung des Abends erkannte man sofort, dafs Herr von Rodt in den 7 Jahren seines Aufenthaltes für die Verschönerung oder Verbesserung des Hauses ebensowenig wie für die Erhaltung des Übernommenen irgend etwas gethan hatte. Man sah, dafs ein weibliches Wesen hier nicht schaltete und waltete, und man vermifste die Spuren des fröhlichen Spieles der Kinder. Fenster und Thüren waren geöffnet, aber tiefe Nacht herrschte in den Zimmern. Soweit die kurze auf Juan Fernandez selbst zugebrachte Zeit uns ein Urteil über deren Pächter ermöglichte, mufsten wir nach dem allgemeinen, bis jetzt erhaltenen Eindruck demselben die Berechtigung, den Beinamen „der letzte Robinson" zu führen, absprechen. Denn weder Alexander Selkirk noch Robinson Crusoe hätten bei dem Reichtum der Insel in solcher staunenswerten Nachlässigkeit, wie sie hier allenthalben zu Tage trat, zu leben vermocht! Das waren kerngesunde kräftige Naturen, welche trotz der gänzlichen Einsamkeit ihr Hauswesen sorgfältig betrieben, emporstrebten und im Kampfe mit den Elementen Körper und Geist stählten! Das ewig gleiche und lebhafte Interesse, welches alle Welt für die beiden englischen Einsiedler fühlt, entspringt nicht allein aus dem Mitleiden mit ihrer hülflosen Lage und der Verurteilung zu einsamem Leben auf einer verlassenen Insel, sondern wesentlich aus der Hochachtung vor ihrer Energie und geistigen Gröfse, sich mit den geringen Mitteln, über welche sie verfügten, ein behagliches, zufriedenes, ja glückliches Leben zu erringen! Robinson erweiterte unaufhörlich seine Höhle, versah sie mit allen möglichen Bequemlichkeiten, liefs sich die jahrelange harte Arbeit des Bootbaues nicht verdriefsen, bestellte mit wunderbarer Ausdauer seine Felder, vermehrte seinen Viehstand und befestigte seine Ansiedlung. Selkirk begnügte sich mit dem Schutz, den die vorgefundene Höhle ihm gab, durchaus nicht, sondern machte eine Wohnung aus derselben, um eine gewisse Behaglichkeit zu haben; er fing die wilden Ziegen, legte den Grund zu einer zahlreichen Viehherde u. s. w. u. s. w. Dagegen hatte „der letzte Robinson" das innen noch stattliche Gebäude der alten Gouverneure zu einer Ruine verfallen lassen!

Auf dem weichen Rasen hinter dem Hause schritten wir weiter, um auf den Hügel, wo die frühere Festung war, zu gelangen. Überall schienen hier üppige Gebüsche, hohe Farrenkräuter, duftendes Gras zu wachsen, aber die einbrechende Dunkelheit der Nacht zwang uns den Rückweg bald anzutreten. Uns führte dabei das Licht der Häuser, welche zerstreut unter uns nach dem Strande zu lagen. In der ärmlichen Fischerwohnung neben dem Hause des Pächters ging es lustig her: um einen langen Tisch herum, auf welchem eine dampfende Schüssel stand, lärmten einige 10 bis 12 Chilenen, Reisegefährten von uns, welche es vorgezogen hatten, statt des Mittagessens an Bord des Dampfers eine nach Brauch und Sitte des hiesigen Landes zugerichtete Cazuela von Hühnern von Juan Fernandez zu verzehren. So weit es in ihren Kräften stand, hatten die Frau und Tochter des Fischers ihrer Kochkunst Ehre gemacht und bedienten die für sie so seltenen Gäste mit sichtlicher Liebenswürdigkeit. Dankend lehnten wir es ab, an dem fröhlichen Mahle teilzunehmen, weil wir die dazu nötige Stimmung nicht besafsen und die Heiterkeit der Gesellschaft mit unseren ernsten Gesichtern nicht stören wollten. Wir standen im Banne einer gewissen Andacht, welche uns diese berühmte Insel einflöfste, und andererseits machte uns der prosaische Gedanke, wie wir in so später Stunde auf den Dampfer zurückgelangen würden, Sorgen, welche das ausgelassene Volk der Chilenen nicht kümmerte.

Bereits tobte draufsen der heftige, vom Yunque herabwehende Wind. Wieder an der Landungstreppe angekommen, fanden wir kein Boot daselbst vor und waren gezwungen, mit aller Kraft unserer Lungen schreiend den Kapitän um ein solches zu bitten. Fast eine volle Stunde währte es, bis eins von der Seite des hellerleuchteten Maipo losgebunden wurde und seinen schwankenden Kiel auf uns richtete. Die Flut war der Ebbe gefolgt und wälzte im Verein mit dem heulenden Sturme die schäumenden Wogen gegen den Strand und die ungeschützte Treppe, so dafs wir nur mit Gefahr unseres Lebens und mit durchnäfsten Kleidern in den tanzenden Kahn einsteigen konnten. Nicht leicht wurde es den erprobten Seeleuten, die Brandung zu überwinden, welche hier mit aufsergewöhnlicher Stärke auftritt und in der geschichtlichen Zeit der Insel eine beträchtliche Anzahl von Fahrzeugen zerschellt ans Land geschleudert hat.

Schweigend saſs ein jeder seinen Gedanken nachhängend da und die Annäherung an den Dampfer mit spannenden Blicken verfolgend: selbst das herrlichste Meerleuchten erweckte uns kein Interesse, und wir atmeten erleichtert auf, als wir das sichere Deck des Maipo betraten. Hier erfuhren wir, daſs der Kapitän unsere Abholung in dem stürmischen Wetter für ein zu gewagtes Unternehmen gehalten und nur dann nachgegeben hatte, als wir uns fast heiser geschrieen hatten.

An Bord hatte man während unserer Abwesenheit die Zeit keineswegs unnütz verloren; das glatte Oberdeck war durch dichtes, der Gewalt des Windes trotzendes Segeltuch in einen Tanzsalon verwandelt worden, auf welchem die leichtbeschwingten Füſse unter den lockenden Klängen der Musik dahinwirbelten. Es giebt noch keine Universalsprache, aber es giebt einen Universaltanz: den Walzer, den deutschen Walzer, mit welchem die germanische Rasse in einschmeichelnd berauschender Weise sich eine Weltstellung bereits erobert hat. Sobald dieser mächtige Zauberer gehört wird, sind auf der ganzen weiten Erde die Unterschiede der Nationen sofort verschwunden. Lassen wir aber, mein lieber Leser, die deutsche Frau am Arme des Engländers, den Franzosen mit der Tochter des groſsen Staates in Nordamerika dahinschweben, bis die feurigen Töne der Strauſsschen Melodieen ausgeklungen haben; morgen will ich die Insel durchstreifen, soweit die Verhältnisse es gestatten, und verfüge ich daher nur über die knappe Zeit des heutigen Abends, um dich mit deren verschiedenen Einzelheiten näher bekannt zu machen.

Mit dem Namen Juan Fernandez im weiteren Sinne werden zwei von einander entfernt liegende Inselgruppen bezeichnet: die eine heiſst Mas a tierra, übersetzt „mehr nach dem Festlande zu", und besteht wieder aus zwei Inseln, derjenigen, auf welcher wir uns befanden und welche sowohl Mas a tierra als Juan Fernandez im engeren Sinne genannt wird und aus der kleinen Santa Clara oder Ziegeninsel, welche von der gröſseren losgerissen zu sein scheint.

Die 2. Inselgruppe, welche in einer Entfernung von 80 Seemeilen von der ersten sich erhebt, heiſst Mas a fuera, übersetzt „mehr nach drauſsen".

Der Flaggenmast von Juan Fernandez liegt auf 33° 38′ S. Br. und 78° 49′ W. L. v. Gr. Die Insel gehört also der gemäſsigten Zone an. Ihre Form ist die eines fast gleichschenkligen Dreiecks, dessen längste Seite, die südliche, ungefähr 13 Seemeilen oder 22 Kilometer und dessen gröſste Breite 5 Seemeilen oder 8 Kilometer beträgt. Naturgemäſs müssen wir sie in 2 von einander durchaus verschiedene Teile zerlegen und zwar durch eine Linie, welche von der Punta Viudo, die zugleich die nördlichste und die Spitze des Dreiecks ist, quer über die Insel nach der Bahia Villagra gezogen wird. Wir erhalten dadurch einen östlichen und einen westlichen Teil. Jener ist hoch, waldig, fruchtbar, aufserordentlich pittoresk, bewohnt und mit Häfen und Thälern ausgestattet, wogegen dieser niedrig, sandig, fast gänzlich unfruchtbar, unwirtlich, in seinem ganzen Umfange von steilen Felswänden umgeben ist, welche an keiner Stelle das Landen gestatten. Ob er in seinem Innern kostbare Metalle birgt, welche der Ausbeutung wert wären, ist noch nicht untersucht worden; vorläufig können wir diesen kleineren westlichen Teil nur als eine öde, kahle, traurige Gesteinmasse, als ein nutzloses Anhängsel an den östlichen Teil ansehen. Erwähnung mufs jedoch der von hohen, schwer zugänglichen und von den Wogen immer gepeitschten Felsen der Bahia del padre gethan werden, von welcher der Kapitän des chilenischen Kriegsschiffes Abtao erzählt, dafs er im Jahre 1867 auf einem Boote nur mit Mühe eindringen konnte, durch den sich ihm darbietenden Anblick aber aufs reichlichste belohnt wurde, indem die Wände der Bucht einem mächtigen und düstern römischen Amphitheater gleichen, dessen Sitzreihen von den Wogen ausgehöhlt worden sind.

Auch im östlichen Teile wird die Küste in ihrem Umfange mit nur geringen Ausnahmen von senkrechten, mehr oder weniger hohen Felsabhängen gebildet, welche mit der Axt zugeschnitten zu sein scheinen. Die gröfste Höhe von 380 m erreicht die an der Punta San Carlos beginnende Felswand zwischen Cumberland-Bai und Puerto ingles, von den Fischern Sal si puedes benannt, was soviel heifsen soll als: wenn du von da oben ohne Unfall unten angelangt bist, kannst du von Glück sprechen. Mit Ausnahme der Cumberland-Bai finden sich nur an drei Stellen der Insel Buchten oder Häfen, welche von Osten ausgehend die folgenden sind:

1) Puerto frances, nach einem Franzosen so benannt, der einige Zeit daselbst als Einsiedler gelebt haben soll, war und ist ohne jegliche Bedeutung für Juan Fernandez, da die Einsenkung der Küste nur einen schmalen Raum freiläfst und kein Bach das kleine Thal bewässert. Dasselbe wurde am Ende des vorigen Jahrhunderts durch einige Kanonen befestigt, von denen heute noch Überreste vorhanden sind. Während der Strand in Puerto frances aus Sand besteht, bilden denselben in der Cumberland-Bai bereits zum grofsen Teile und noch mehr in dem

2) Hafen: Puerto ingles, mächtige, runde Steine, wie sie die betreffende Abbildung deutlich zeigt und welche lose aufeinander liegend von jeder anprallenden Woge mit furchtbarem Getöse in die Höhe geschoben und von den herabfliefsenden Wassern wieder heruntergerissen werden. Dies erinnert lebhaft an die Schwierigkeiten, mit denen der arme, zerschun-

Tafel 5.

zu Seite 42.

Die östliche, kleinere Hälfte des Puerto ingles auf Juan Fernandez.

dene Odysseus am Strande der Phaeaken zu kämpfen hatte und die ihn schliefslich zwangen, eine Flufsmündung aufzusuchen, um ans Land steigen zu können. Auch der Puerto ingles ist keine eigentliche Bucht, welche Schiffen als Ankerplatz dienen könnte, sondern nichts anderes, als das Ende des nach dem Innern zu sich erstreckenden kleinen, aber fruchtbaren Thales, dem die Insel ihren Weltruf verdankt, weil dort wenige Schritte von dem Strande entfernt die Robinson-Grotte sich befindet. Der an ihr vorbeifliefsende Bach führt eine zu geringe Wassermasse mit sich, um sich einen freien Weg durch die Steine zu bahnen, und verschwindet durch dieselben hindurchsickernd in den Fluten des Oceans. Eine über tausend Fufs hohe Felswand, wie zwischen Cumberland-Bai und Puerto ingles, der sogenannte Cerro alto, trennt diesen von dem

3) Hafen: Bahia de la Vaqueria, einer einfachen Einsenkung eines von steilen Bergen eingeschlossenen, üppigen Thales, in welchem das für die Unterhaltung der Bewohner der Insel, als sie Staatsgefängnis war, nötige Schlachtvieh seine Weide hatte.

Die übrige Küste von Juan Fernandez besteht aus senkrecht ins Meer abfallenden Gesteinmassen, welche hier und dort, besonders an der langen, durch kein einziges Thal unterbrochenen südlichen Seite, in geringer Entfernung von dem Lande, niedrige isolierte Vorsprünge bilden, die alle merkwürdigerweise nach der Aussage des Herrn von Rodt die übereinstimmende Form von Bischofsmützen aufweisen, als ob daselbst die Meergeister ein Konzil gefeiert hätten.

Ein oberflächlicher Blick auf die Karte zeigt, dafs allen Buchten, Baien, Hügeln, Bergen u. s. w. bedeutungsvolle und charakteristische Namen beigelegt worden sind, über deren Entstehung in den meisten Fällen die Geschichte treulich Buch geführt hat. Auffallend ist daher die Benennung des äufsersten westlichen Punktes von Juan Fernandez, welcher entschieden bei seiner Wichtigkeit eine weniger simple verdient hätte: Punta de la Isla, d. h. einfach übersetzt, dafs hier die Insel zu Ende ist!

Nur zwei Drittel Seemeilen davon entfernt liegt die Insel Santa Clara, etwa 4 englische Meilen im Umfange, über 300 m hoch und durchweg von steilen Küsten eingeschlossen, so dafs das Landen mit den gröfsten Schwierigkeiten verbunden ist. Sie wurde früher hauptsächlich den unverbesserlichsten Sträflingen von Juan Fernandez als Aufenthalt angewiesen, woselbst diese, mit einer Flinte und etwas Munition versehen, bei dem unverhältnismäfsig grofsen Reichtum des Inselchens an Ziegen für einige Zeit ihr Leben fristen konnten. Ein Entweichen von dort war unmöglich und andrerseits vermied man, soviel man konnte, die Fahrt nach Santa Clara, die nur aus besonders wichtigen Gründen unternommen wurde, weil in dem Kanal, welcher sie von dem Nachbareiland scheidet, so starke Strömungen hindurchfluten, daſs entweder den Bootsleuten die Ruder zerbrachen und die Böte an den Felsen zerschellt wurden oder sie doch so erschöpft trotz der kurzen Strecke anlangten, daſs sie schwerlich das zweite Mal die Überfahrt wagten. Dieser Umstand erklärt es, daſs diese Insel trotz ihrer Fruchtbarkeit nur ein Aufenthalt der Ziegen geblieben ist.

Das Klima von Juan Fernandez ist dem des Festlandes ähnlich, nur feuchter, da selten ein Tag im Jahre ohne etwas Regen vergeht und noch seltener die Tage sind, an denen die Sonne nicht geschienen hätte. Im Winter treten die Regengüsse anhaltender auf, sind aber nicht von Kälte begleitet. Daher weist die Temperatur nicht die groſsen Kontraste des Kontinents auf, wo an einzelnen Tagen das Thermometer bis über 30 Grade zu durchlaufen hat; z. B. an einem Wintertage zeigt dasselbe bis 5° Celsius unter Null, Mittags dagegen steigt es auf 24 bis 25° Wärme; im Frühling beginnt der Morgen öfters mit + 4 bis 5° und erreicht am Nachmittag eine Hitze von + 34 bis 35°, welche Unterschiede für die Gesundheit der Menschen nicht ohne nachteilige Folgen sein können. Auf unserer Insel finden wir nicht ein durchaus gleichmäſsiges Klima wie das von Madeira, aber eine relativ auſserordentlich geringe Differenz in den Tages- und Jahreszeiten, wie sich deren schwerlich ein anderer Punkt Amerikas erfreuen dürfte[1]).

Besonders mild ist der Sommer, dessen einzige Unannehmlichkeit in den starken Südostwinden besteht, welche sich vom Yunque herab zuweilen so heftig auf das Meer werfen, daſs, wie Herr von Rodt erzählt,

---

[1]) Vielleicht haben die nachstehenden Zahlen der höchsten und niedrigsten Temperatur einiges Interesse für den Leser:

1) die in freier Luft auf dem mit Gras bewachsenen Erdboden genommene Temperatur zu Santiago:

	Maximum C	Minimum C
am 2. März 1886	44.50°	5.00°
- 6. - -	52.00°	4.65°
- 9. - -	48.00°	5.65°
- 10. - -	43.80°	5.30°
- 11. - -	46.20°	4.50°
- 12. - -	46.70°	4.50°

2) die in freier Luft in der Höhe eines Meters vom Erdboden genommene Temperatur in Santiago:

	Maximum C	Minimum C
am 2. März 1886	29.70°	6.90°
- 6. - -	31.10°	6.00°
- 9. - -	33.90°	7.00°
- 10. - -	33.00°	7.00°
- 11. - -	32.70°	5.60°
- 12. - -	32.80°	6.10°

die nach der Küste zu rollenden Wogen wie grofse Schaumberge reihenweise in die Höhe gehoben werden, so dafs es vom Lande aus gesehen scheint, als ob ein Heer von Giganten auf dasselbe zuschreite und Feuer nach einzelnen Bataillonen gäbe. Dafs diese Stürme in den Wäldern keinen Schaden anrichten, hat seinen Grund in der Formation der Berge, welche bei gänzlichem Mangel an Vorhügeln und kleineren Nebenketten so steil in das Thal hinabfallen, dafs der Wind über ihre Abhänge hinwegbraust, ohne sie zu berühren. Freilich verhindert er den Anbau der Getreidesorten im Thale und auch den der Weinpflanzen, es sei denn, dafs man diese in bedeutenden Höhen kultivieren wollte oder könnte.

Eins der gröfsten Wunder von Juan Fernandez ist die Farbe des Meeres, das schönste Azurblau, das sich denken läfst und das sich immer gleich bleibt, gleichviel, ob das Wasser still ist oder von Stürmen aufgeregt wird, ob der blaue Himmel sich in ihm spiegelt oder trübe Wolken die Luft verdunkelnd über ihm herabhängen. In der Nähe der Küste ist das Meer dermafsen klar und durchsichtig, dafs man selbst bis auf respektable Tiefen den Grund und das reiche in seinem Schofs sich bergende Leben schauen kann. Dabei ist es acht Grade wärmer als das Wasser in Valparaiso und daher kein Wunder, dafs Haifische, fliegende Fische und Schildkröten in seiner Umgebung vorkommen, welche den kälteren Gewässern des Festlandes fern bleiben.

Mit dem lebhaften, heitern Blau des Oceans bilden scharfen Gegensatz die dunklen Töne der steil ins Meer abfallenden Felswände und die grauen, bläulichen und roten Färbungen des Erdreiches, über dessen vulkanischen Ursprung gar kein Zweifel sein kann. Verschiedene Gelehrte meinen, dafs Juan Fernandez das Fragment eines grofsen vom Meere verschlungenen Weltteiles sei, von dem nur noch Australien mit seinen zahlreichen zerstreuten Inselgebieten übrig geblieben sei. Diese Ansicht erhält durch folgende Umstände eine kräftige Stütze: erstens durch die Existenz des Sandelholzes daselbst, das sonst einzig und allein im Orient und nach neueren Entdeckungen auf den Fidji-Inseln sich vorfindet; zweitens wird der gleiche wunderbare Reichtum an Farrenkräutern auf Juan Fernandez in derselben Mannigfaltigkeit nur in Australien wieder angetroffen; drittens ist die Flora der Robinson-Insel von derjenigen des amerikanischen Festlandes gänzlich verschieden. Auf der andern Seite dagegen gelangt man durch einen Blick auf die Insel selbst zu der Meinung, dafs Juan Fernandez kein Trümmer eines untergegangenen Kontinentes, sondern ein primitives Land sei, welches in vorgeschichtlicher, aber verhältnismäfsig neuer Zeit feurige Gewalten in die Höhe gehoben hätten. An vielen Stellen nämlich finden wir Lava in solcher Gestalt, als wäre sie unlängst von einem Krater herausgeschleudert worden; ferner bewahren die schlecht zusammengefügten Massen der Erde noch ihre ursprüngliche Farbe und natürliche Form, ohne dafs die alles ausgleichende Hand der Zeit denselben einen einförmigen Anstrich gegeben hätte.

Feuerspeiende Berge existieren auf der Insel jetzt nicht mehr, wenigstens nicht, soweit man sie erforscht hat; nur vom unbesteiglichen Yunque glauben die dortigen Bewohner, dafs seine Spitze den Krater eines Vulkans trage. Vor Erdbeben, welche glücklicherweise die Insel nicht so häufig wie das Festland heimsuchen, haben sie grofse Furcht, weil sie meinen, dafs ihr geliebtes Eiland den heftigen Erdstöfsen nicht Stand halten und leicht seinen Untergang in den Wellen finden könne.

Eine merkwürdige und zu vielen abergläubischen Vorstellungen Veranlassung gebende Erscheinung sind die schon seit Jahrhunderten beobachteten bläulichen Rauchsäulen, welche man an verschiedenen Stellen vom Mas a tierra aufsteigen sah und die für das untrügliche Zeichen eines thätigen Vulkans gehalten wurden, welcher unter einer dünnen Erdkruste verborgen sei. Aber die im Laufe der Zeit gemachten Beobachtungen haben darüber aufgeklärt, dafs die feurigen Massen nicht unterhalb der Erde, sondern oberhalb auf der Oberfläche der Insel verstreut sind. Ein Ziegenjäger warf einst ein brennendes Streichholz auf den Boden, der an dieser Stelle gerade, wie er so häufig angetroffen wird, rot gefärbt war; sofort teilten sich die Flammen der Erde mit, die zu brennen schien und blauen Rauch ausströmte. Das Feuer dehnte sich langsam nach allen Seiten hin aus, bis es an dem Rande eines verschieden gefärbten Erdbodens von selbst erlosch. Anfangs betrachtete man diese sonderbare Erscheinung als Teufelsspuk; aber als das Experiment auf ebenfalls rot gefärbter Erde wiederholt und durch Untersuchung gefunden worden war, dafs dieselbe eine grofse Menge von pulverisiertem Schwefel enthielte, klärte diese Feststellung das über der Insel schwebende Geheimnis sofort befriedigend auf und gab den Bewohnern ihre Ruhe wieder.

Ein ferneres Zeichen der verhältnismäfsigen Jugend von Juan Fernandez bildet die eigentümliche Gestaltung seiner Gebirge, welche von der des amerikanischen Festlandes verschieden ist und ein gewisses primitives Gepräge an der Stirn trägt, worüber ich freilich als Laie nur allgemeine Ideen anzugeben vermag und worüber ein Fachmann hoffentlich einmal speziellere Arbeiten veröffentlichen wird. Die Abhänge der Berge sind noch fast senkrecht; man sieht es, dafs die langsame, aber nie ruhende Thätigkeit der Jahre den Umrissen noch nicht die Abrundung und Breite der Formen gegeben hat, welche sich in den älteren

Teilen der Welt erkennen läfst, wo sich Thäler, Plateaus, Terrassen und ausgedehnte Vorhügel entwickelt haben, indem teils die höheren Erdschichten durch den Regen nach unten herabgeschwemmt worden, teils die Felsspitzen und steinigen Vorsprünge der Berge verwittert sind.

Ein grofses Interesse und sich ganz von selbst ergebende Belehrung bietet in dieser Beziehung eine Vergleichung der Küste des Festlandes in der Nähe von Valparaiso, welche wir gestern früh vom Dampfer aus genügende Zeit und in hinreichender Ausdehnung studieren konnten, mit Juan Fernandez, in dessen Gewässern wir erst seit Stunden verweilten. Dort wie hier fällt die Küste an den meisten Stellen steil in das Meer ab: aber dort sind die Abhänge, auch wenn sie fast ganz senkrecht auftreten, in den meisten Fällen mit üppiger Vegetation bis an den Fufs bewachsen und kahle Gesteine nur sichtbar, so weit die ewigbrausende Brandung reicht. Für die freundlichen Leser aus Valparaiso bemerke ich hier, um richtig verstanden zu werden, dafs ich nicht von den Bergen selbst, sondern nur von deren ins Meer fallenden Abhängen spreche. Dieselbe Vegetation, wie bis Valparaiso, findet sich auch an der ganzen südlichen Küste entlang bis zur Magelhaens-Strafse, wie der Verfasser auf seiner diesjährigen Reise nach Europa erst kürzlich beobachtet hat. Oft sieht man an der Küste entlang fahrend kahle Bergzüge gegen das Meer hin streichen und wird, sobald man an deren Abhang gelangt, von der herrlichen grünen Farbe der Bäume und Sträucher, welche nur hier und nicht auf dem Bergzuge wachsen, aufs angenehmste überrascht. Hier in Juan Fernandez dagegen erblicken wir die nackten Felsmassen von oben bis unten in gleicher Weise blofsgelegt, und nur in den querziehenden Rissen hat sich eine dünne, spärlich vertretene Erdschicht zu formieren begonnen, auf welcher der genügsame Berghafer der Insel sich angesiedelt hat und den dorthin geflüchteten wilden Ziegen zur bequemen Nahrung dient. Diese Vergleichung zeigt uns, dafs das Festland in eine viel ältere Periode zurückreicht als Juan Fernandez.

Von der langsamen aber nie ruhenden Thätigkeit der Jahre, deren eben Erwähnung geschah, sind diejenigen, welche in Valparaiso leben, fortwährend Augenzeugen: in jedem Winter lösen die Regengüsse gewaltige Erdmassen von den steilen Bergen ab, welche sich allmählich nach unten schieben und die Thäler vergröfsern. In Südamerika werden sämtliche Berge, mögen sie hoch oder niedrig sein, im Innern des Landes oder an der Küste liegen, weit steiler als in Europa angetroffen, wo solche Steilheit nicht Regel, sondern Ausnahme ist, so dafs also nach der eben ausgesprochenen Theorie jener Erdteil späteren Ursprungs als

dieser sein müſste und der Name der neuen und alten Welt seine vollste
tiefdurchdachte Bedeutung und Berechtigung hätte.

Um wieder auf die Entstehung von Juan Fernandez zurückzu-
kommen, muſs die Zusammengehörigkeit dieser Insel zum amerikanischen
Festlande, zu welcher Ansicht deren geringe geographische Entfernung
von selbst hinleiten könnte, aufs nachdrücklichste in Abrede gestellt
werden, weil die beiderseitige Flora und Fauna zu groſse Verschiedenheiten aufweist, woran wir an der geeigneten Stelle die nötigen Beweise
beibringen werden. Die Gestaltung der Flora ordnet die Inselgruppe
vielmehr dem australischen Weltteile zu, von dem der gröſste Teil
untergegangen ist.

Juan Fernandez scheint anfangs mehr flach und nur von niedrigen
Erdhügeln durchzogen gewesen zu sein. Spätere vulkanische Einwir-
kungen werden die Berge in die Höhe gehoben und der Insel ihre
jetzige Gestalt gegeben haben. Zu dieser Meinung veranlaſste mich teils
die häufig auftretende und feste Verschmelzung, welche besonders in den
niederen Stellen der Insel die Lava mit Meeressand und Muschelstücken
erfahren hat, teils das Vorhandensein gröſserer, sehr feinkörniger Sand-
ablagerungen bis in bedeutende Höhen der Küstenberge hinauf, welche
sich aber nie im Innern zeigen und nur von dem bloſsen Meeressande
herrühren können. Diese letztere Hypothese läſst sich ebensowenig als
die vorhergehenden Ansichten mit mathematischer Schärfe beweisen, aber
mit ihrer Hülfe erklären wir uns die verschiedenen dunklen Punkte über
die Entstehung und heutige Gestalt von Juan Fernandez in befriedigen-
der Weise — und nur deshalb hat sie hier ihren Platz gefunden.

Die natürliche Folge der steilen Berge daselbst sind ihre ausnehmend schwierigen Wege, eigentlich nur für die Ziegen überwindbar
und noch gefährlicher für den Menschen durch die zerbröckelnde Lavaerde, welche sich unter dem auftretenden Fuſse zu Sand verwandelt, und
durch die trockenen Halme des Berghafers, die für die Besucher der
Insel das Aufsteigen fast zur Unmöglichkeit machen. Vom Yunque
glaubt man, daſs er gänzlich unbesteigbar sei. Dies kann ja nicht
wunder nehmen, weil dieser Bergriese auf der schmalen Inselfläche,
welche die Ausdehnung des Thales der Cumberland-Bai für seinen Fuſs
übrig gelassen hat, sich zu der beträchtlichen Höhe von 927 m erhebt.
Daher gewährt er, abgesehen von seiner sonderbaren Gestalt, der
enormen Steilheit der Bergabhänge wegen, welche bis an die äuſserste
Spitze der Höhe desselben frisches Grün der Thäler zeigen, und deshalb,
weil die andern Berge der Insel bedeutend niedriger sind, einen ungemein imponierenden Anblick, dessen Eindruck sich schwerlich wieder
verwischt. Für die Seefahrer spielte er seit den Zeiten der Entdeckung

von Juan Fernandez eine wichtige Rolle als Wetterprophet, indem sein unbewölktes Haupt mit unfehlbarer Sicherheit schönes Wetter, das bewölkte aber ebenso unfehlbar Regen anzeigt. Am meisten beschäftigte er die Einbildungskraft der Inselbewohner, welche ihn von allen Teilen ihres Reiches aus in seiner vollen Majestät und Erhabenheit erblickten und eine Unzahl von Sagen über ihn erdichteten, wie ja allen ähnlich gelegenen Bergen der alten Welt ein Gleiches widerfahren ist.

Auch die Insulaner hielten ihn für unbesteigbar und mafsen selbst dem unbestreitbaren Zeugnis der Geschichte keinen Glauben bei, welche die Erinnerung an eine heldenmütige Ersteigung durch zwei Gefangene aus dem Jahre 1795 aufbewahrt hat. Der derzeitige spanische Gouverneur von Juan Fernandez versprach, um seiner Regierung über die bis dahin noch gänzlich unbekannte Spitze des Yunque berichten zu können, den Gefangenen, welche das Wagnis glücklich vollbrachten, die Freiheit und fünfzig Thaler Geld. Zwei Sträflinge erboten sich dazu und pflanzten als Zeichen der Ausführung eine Fahne auf dem Gipfel des Berges auf, den sie aber wegen dichten Nebels nicht genauer zu erforschen vermochten. Deshalb trieb sie der Gouverneur zur zweiten Besteigung an, die sie unter Begleitung einiger Soldaten als Helfer in der Not, glücklicher als der Taucher von Schiller, auch zum zweiten Male ohne Unfall zuwege brachten. Die Schwierigkeiten des Aufsteigens wurden noch vermehrt durch die Feuchtigkeit des Bodens, der an einzelnen Stellen durch den fast oben entspringenden Hauptbach der Insel in Schlamm verwandelt wird und durch die lose, unterwühlt scheinende Erde, in welcher die Gefangenen bis ans Knie versanken. Weil sie aber auch nach dieser zweiten Besteigung so gar keine Aufklärung über die Gestalt und sonstigen Eigentümlichkeiten der Spitze des Yunque zu geben vermochten, so kann man den Inselbewohnern nicht zürnen, dafs sie diese geschichtlich verbürgte Heldenthat nicht glauben und von ihrer Meinung nicht abgeben wollen, dafs die Fahne, welche man von der Stadt aus auf dem Gipfel deutlich flattern gesehen habe, von dem Teufel in eigener Person aufgesteckt worden sei, der dort oben sein Wesen treibe und jeden Eindringling in sein Reich mit dem Tode bestrafe. Das hätten später zwei andere Leute erfahren müssen, die den Yunque bestiegen und gleichfalls eine Flagge aufgepflanzt hätten; aber nachher seien weder sie selbst zum Vorschein gekommen, noch habe man ihre Reste gefunden, was beweise, dafs sie oben geblieben seien. Auch selbst die kühnsten Bergsteiger schrecke dieser teuflische Zaubergeist, der sich auf der Spitze niedergelassen habe, ab. Wie dieser mächtige Zauberer aussieht und was er thut, ist in das dunkelste Geheimnis gehüllt. Aber wunderbar ist es, dafs sich auch nüchterne Männer diesem Eindrucke nicht entziehen können!

Vor wenigen Jahren versuchte ein in Chile sehr bekannter Bergsteiger, der unser Reisegefährte auf dem Maipo war, den Yunque zu erklimmen, ebenfalls von der Seite der Cumberland-Bai aus, auf welcher er weniger steil als auf der entgegengesetzten ist; er würde, erzählte er, das Wagnis bestanden haben, wenn ihn nicht, als er nur wenige Meter von dem Gipfel entfernt war, ein vager Schrecken gepackt und ihn eine Art hohlen und unerklärlichen Getöses hören gelassen hätte, gleichsam als vernähme er die Stimme des Zaubergeistes, der ihm befehlerisch das weitere Vordringen verbiete. Die schauerliche Einsamkeit und die lebhafte Erinnerung an die Märchen über den geheimnisvollen Berg hatten ihm jedenfalls Angst eingeflöfst und ihn zur eiligen Umkehr gezwungen. Gleichwohl, fuhr er fort, wollte er später aufs neue die Besteigung versuchen, wenn ein gleich mutiger Gefährte ihn begleite, da der Zauberer über zwei Menschen vereint keine Gewalt mehr habe. Wir wollen hoffen, dafs er sein Versprechen ausführen könne, damit man endlich Klarheit über die Formation dieses Gipfels erlange.

Die Tradition meint, dafs oben ein See existiere — die Zauberer bauen ihre Paläste ja mit Vorliebe auf den Grund der ruhigen, durchsichtig hellen Seeen —, gespeist von den das Haupt des Berges so oft einhüllenden Wolken. Darin liegt für die Inselbewohner die Erklärung, dafs das Wasser der verschiedenen, dort herabfliefsenden Bäche niemals abnähme, bei starken Regengüssen förmliche Ströme nach allen Seiten herabstürzten und dafs mit denselben zuzeiten eine seltene Art dreifarbiger junger Enten nach unten geschwemmt würden, die früher auf Juan Fernandez niemals gesehen worden seien.

Wie wir im ersten Teile dieses Buches sahen, zirkulieren über die Insel unter deren Einwohnern eine Menge der sonderlichsten Sagen und Märchen, was uns durchaus nicht befremden kann, wenn wir uns ihre Lebensweise vergegenwärtigen. Durch schwere, nüchterne, körperliche Arbeit sind sie gezwungen, unter den gröfsten Gefahren und Anstrengungen ihren Unterhalt zu suchen, indem sie teils in kleinen Böten beim Fischfang mit den tosenden Wogen des Meeres kämpfen, teils auf der Jagd nach den wilden Ziegen auf die steilsten Felsen klimmen müssen. Da sie aber selten mit anderen Menschen in Berührung und Austausch der Gedanken kommen, verbleiben sie auf der Stufe einer naiven Kindlichkeit, wo die Einbildungskraft den klaren Verstand vollständig beherrscht und wo alles, selbst das unglaublichste Wunder, mit einer solchen Zähigkeit für wahr gehalten wird, als hätte man es selbst erlebt.

Verschiedene dieser aufserordentlichen Wunder lassen sich indessen auf natürliche Vorgänge leicht zurückführen; so die Stimmen und Seufzer, welche man zu hören vermeint, auf die Echos an den durchweg senkrechten Abhängen der Berge, wie jeder, der seine Stimme an solchen Stellen laut erhebt, sofort erproben kann. Die Gerüchte über verborgene Schätze, durch welche im Anfange unseres Jahrhunderts sogar eine regelrechte Expedition von Bergleuten vom Festlande aus nach Juan Fernandez gelockt worden war, die aber ohne Erfolg wieder auseinander ging, haben ihren Ausgangspunkt in den häufig vorkommenden sogenannten „Glockensteinen", welche beim Aneinanderschlagen mit anderen Mineralien oder irgend einem Metall einen krystallhellen Klang von sich geben. Über diese interessanten Steine verweisen wir den freundlichen Leser auf den zweiten Anhang zu diesem Buche. Die Klagelaute gepeinigter Geister finden ihre Erklärung in den heftigen Windstöfsen, welche ganz plötzlich bei Sonnenuntergang und noch mehr in den späten Stunden der Nacht, was wir heute selbst erfahren hatten, von dem hohen Gipfel des Yunque sich erheben und durch die Wälder, die Abgründe und über die Bergrücken dahinfahren und bei der sonstigen tiefen Schweigsamkeit der Insel sich wie sonderbare, unheimlich modulierte Töne anhören. Wenn eine wilde Ziege oder der Wind einen Stein von oben loslösen, der auf seinem jähen Falle unten stärker hier als anderswo aufschlägt und dadurch ein dumpfes Echo an den gegenüberliegenden Abhängen erzeugt, kann man es den Inselbewohnern gern glauben, dafs sie bei der unheimlichen Grabesstille, welche über das ganze Eiland ausgebreitet ist und von der Stimme keines Tieres, selbst nicht einmal von der eines Hundes, unterbrochen wird, Gespenster sehen und hören und des Nachts nicht allein ohne Begleitung eines lebenden Wesens die Schwelle des Hauses verlassen wollen. Noch weniger aber werden wir die Insulaner, diese grofsen Kinder, verlachen, wenn wir aus unserer eigenen Jugendzeit der von uns auf einsamen nächtlichen Spaziergängen oder Fahrten durch Wälder oder bei Kirchhöfen vorbei empfundenen Furchtsamkeit gedenken oder uns daran erinnern, dafs wir uns an stürmischen Winterabenden scheuten einen Gang über den Hof zu machen u. s. w.

Wir dürfen nicht vergessen, dafs Juan Fernandez so ganz isoliert mitten im unendlichen Weltenmeere in völligster Abgeschlossenheit vom festen Lande liegt und bei der verhältnismäfsig grofsen Ausdehnung der Insel nur von ein paar Familien, die noch obendrein zerstreut leben und mit Frauen und Kindern zusammengerechnet schwerlich 20 Köpfe zählen, bewohnt wird. Wir dürfen auch nicht vergessen, dafs ihre Phantasie durch die Traditionen der Schreckens- und Blutscenen aus der Zeit der politischen und gemeinen Verbrecher schon von Geburt an aufgeregt worden ist. Ohne Zweifel hat Vicuña Mackenna das Richtige getroffen, wenn er die Insel mit einem Taubstummen vergleicht: denn mit Ausschluſs der durch die Windstöſse verursachten Töne giebt sie keinen Laut von sich, da, wie wir schon sahen, die Hunde das Bellen verlernen. Wie wir jetzt sehen werden, ist auch ihre Fauna eine ungewöhnlich arme.

Der Entdecker, Juan Fernandez, führte auf dem nach ihm benannten Eilande drei bis vier Ziegen[1]) ein, welche sich so enorm vermehrten, daſs, trotzdem sie vor Alexander Selkirks Zeiten den Piraten oftmals zum Lebensunterhalt gedient hatten, dieser allein 500 Stück während seines vierjährigen Aufenthaltes getötet haben will. Später räumten die Hunde unter ihnen so stark auf, daſs Lord Anson nur gegen 200 Ziegen vorfand, welche in Herden von 25 bis 30 zusammenhielten, aber nur an den steilsten und unwegsamsten Stellen der Insel anzutreffen waren, am meisten in den senkrechten, nach Norden und nach Osten zugewendeten Felsabhängen am Meere, wo sie noch heute vorzugsweise ihre Schlupfwinkel haben, die sie selten verlassen, weil ihnen die Bewohner der Insel aufs hartnäckigste nachstellen.

Für diese ist die Jagd auf die Ziegen eine vortreffliche Schieſsübung: denn sie müssen, um die Felle zu guten Preisen verkaufen zu können, den Tieren nach dem Kopfe zielen; durchlöcherte Felle haben keinen Wert. Die Jagd auf die Ziegen ist begreiflicherweise bei den steilen Bergen der Insel mit groſsen Schwierigkeiten und Gefahren verknüpft, weshalb die Einwohner das Jagen in ihrer drastischen Sprache „das Glück versuchen" nennen. Vor Tagesanbruch sucht der Mann, mit der Flinte bewaffnet und von seinem treuen Hunde begleitet, die nächtlichen Weideplätze der Ziegen auf, verfolgt sie Schritt auf Schritt und drängt sie in Thäler oder Hohlwege ohne Ausgänge, um sie, wenn möglich, lebendig mit dem Lazo zu fangen, in dessen Handhabung er gleichfalls Meister ist. Öfters aber geben diese in die Enge getriebenen Tiere ihre Hälse nicht gutwillig der Schlinge her, sondern mit der Kraft der Todesverzweiflung stürzen sie sich mit vorgeneigten Hörnern blitzschnell auf ihren Feind, der, wenn er sie nicht mit der Kugel töten konnte, sich auf den Boden werfen und sie über sich hinwegstürmen lassen muſs. Nachher übernimmt der meistens vorzüglich abgerichtete Hund die Verfolgung. Sobald er sich der Ziege genähert, schwingt er sich auf ihren Rücken und wirft sie durch einen sicheren und tödlichen Biſs in den Hals zu Boden. Auch wenn sein Herr eine Ziege an unmöglich zu betretenden Stellen angeschossen hat, gelingt es dem scharfen Geruchs-

---

[1]) Die Ziegen waren nach Amerika erst von den Spaniern aus Europa gebracht worden; unter allen Haustieren Chile's wurde nur das Schaf als einheimisch vorgefunden.

sinne des Hundes in den meisten Fällen, das Wild aufzufinden, das er, ohne das Fell zu beschädigen, vollends tötet und zu seinem Herrn hinschleppt.

Auf Juan Fernandez giebt es so vortrefflich dressierte und kluge Hunde, dafs ihre Besitzer sie nicht für 100 Thaler verkaufen, die sie nicht aus Liebe zu ihnen zurückweisen, sondern weil ihnen die Hunde in kurzer Zeit mehr Geld einbringen und sich nicht leicht ersetzen lassen. Merkwürdig ist es, dafs die Ziegen fast ohne jegliche Ausnahme braun gefärbt sind, worauf Herr Dr. Philippi, der vor 30 Jahren noch Herden von 40 bis 50 Stück antraf, von denen einzelne nur aus braunen Ziegen bestanden, zuerst aufmerksam gemacht hat.

Die Hunde wurden, wie bereits bemerkt worden ist, zur Vertilgung der Ziegen auf der Insel von den Spaniern losgelassen. Es war dies die unter den Araukanern einheimische, mittelgrofse, zottige, sehr kräftige und wilde Rasse, welche den Namen Tregua führt und genau den Hunden gleicht, die in Mexiko seit undenklichen Zeiten gleichfalls einheimisch gewesen und mit dem Namen Coyote bezeichnet worden sind. Interessant ist es, dafs diese Amerika ausschliefslich angehörende Species vom Norden aus sich nach dem Süden zu wahrscheinlich im Gefolge der sich nach der gleichen Richtung hin ausdehnenden Ureinwohner dieses Weltteiles ausgebreitet hat. Auch die Hunde hatten sich auf Juan Fernandez im Laufe der Zeit kolossal vermehrt, waren vollständig verwildert, lebten in Herden wie die Ziegen und pflegten bei Lord Ansons Aufenthalt, in welcher Epoche ihre Beute, die Ziegen, schon stark zusammengeschmolzen war, sogar die Zelte der Engländer anzufallen. Interessante Kämpfe werden in dieses Seefahrers Reiseberichten zwischen den beiden feindlichen Parteien von Juan Fernandez beschrieben, in denen bald diese, bald jene den Sieg davontrug. Noch im Jahre 1854 will man eine kleine Truppe von wilden Hunden gesehen haben, welche als solche jetzt vollständig ausgestorben sind. Dafs diese Tiergattung das Bellen verlernt hat, hat seinen Grund nicht nur in der grofsen Einsamkeit und Grabesstille der Insel, sondern wohl vielmehr darin, dafs sie verwildert und der Gesellschaft mit dem Menschen entfremdet worden sind, in dessen Nähe allein sie Gelegenheit haben, ihre natürlichen Anlagen der Wachsamkeit und Anhänglichkeit zur Geltung zu bringen. Aus demselben Grunde erklärt es sich, dafs Hunde, welche von den Kapitänen der Segelschiffe auf lange dauernde Seereisen mitgenommen werden, das Bellen gleichfalls nach und nach verlernen, was bei den Hunden, die nach kurzen Reisen das Land wieder betreten, nicht der Fall ist. Das letztere fanden wir bestätigt, als wir von der ehemaligen Festung herabstiegen und uns ein kräftiger Köter aus vollem Halse bellend empfing. Derselbe gehörte dem Segelschiffe der Insel an, auf welchem er seit seiner Geburt mitgefahren war, und verbrachte mit seinem Herrn die heutige Nacht auf der Insel; aber seine Geschlechtsgenossen, welche über die Grenzen der Insel nicht herausgekommen waren, fielen keineswegs als begleitende Stimmen ein, sondern wiesen heranspringend uns nur ihre starken Zähne. Sie sind mittelgrofs und zottig, wie die ersten auf Juan Fernandez eingeführten Hunde, und haben scheinbar keine Mischung der alten Rasse erfahren. Ihr Äufseres verrät wenig Intelligenz, welche auch bei den Coyotes nie vorhanden gewesen ist. Erst hier auf dieser einsamen Insel haben sie durch die Notwendigkeit, ihr Leben durch die schwierige Verfolgung der wilden Ziegen zu fristen, eine solche, wie sie dieselbe heute besitzen, entwickeln müssen und sie von Generation zu Generation vererbt.

Als dritte Tierart auf Juan Fernandez sind die Ratten zu erwähnen. Sie waren in Amerika vor dessen Entdeckung unbekannt und ebenso wie die Mäuse auf den alten Holzschiffen von Europa aus eingeführt worden. Auf der Insel wurden sie bald eine so lästige Plage, dafs man zu ihrer Vertilgung Katzen dahin schaffen mufste, welche mit sichtlichem Erfolge unter ihnen aufräumten. Klima und Nahrung sagten den Ratten in solcher Weise zu, dafs sie mit der Zeit eine aufsergewöhnliche Gröfse erreichten und, wie einer der politischen Verbrecher vom Anfange dieses Jahrhunderts erzählt, nicht nur die Katzen, sondern sogar die Hunde aus eigenem Antriebe, im Gefühle ihrer gröfseren Kraft, angriffen. Die Gefangenen waren gezwungen, sich mit Herden von Katzen von 6 bis 12 Stück zu umgeben, um nur einigermafsen Ruhe in der Nacht vor den gefräfsigen Nagern zu haben, welche die Häuser aufserdem zuweilen so stark unterwühlten, dafs verschiedene zusammengefallen sind.

Die übrigen Vierfüfsler, welche sich jetzt auf der Insel vorfinden, wie Pferde, Rinder und Esel, sind sämtlich importiert worden und gedeihen ebenso wie die vorher erwähnten drei Tierarten unter den dortigen klimatischen Verhältnissen vorzüglich. Die Kühe geben eine besonders aromatische und gutschmeckende Milch, welche an die in der Schweiz gewonnene erinnert. Die Schafe sind wegen der Zartheit ihres Fleisches berühmt, und die Pferde erlangen durch das beständige Weiden auf den fast senkrechten Abhängen der Berge eine aufserordentliche Festigkeit der Beine, fast in demselben Mafse, wie sie die Ziegen besitzen. Es giebt genug Stellen auf Mas a tierra, die ein Mensch nur mit tausend Angst und Nöten überschreitet, während sie die Pferde mit einer Sicherheit und Schnelligkeit überwinden, die wahrhaftes Erstaunen erregen. Leider hat man die Gewandtheit und Kraft ihrer Beine bisher noch nicht genügend gewürdigt, sonst hätte man daraus eine Rasse erzogen, welche für die gebirgigen Gegenden des Innern von Chile und für die bequeme

Überschreitung der Cordillera de los Andes nach der argentinischen Republik hin von unbezahlbarem Werte wäre.

Gegenwärtig gebraucht man für sämtliche Gebirgswege Maultiere, die durch ihre zähe Ausdauer, ihre Sicherheit im Gehen und Genügsamkeit im Futter unstreitig grofse Vorteile vor den Pferden besitzen. Aber sie ermüden wegen ihrer langsamen, harten Gangart und ihres störrischen Wesens den Reiter auf langen Strecken, wie auf der Übersteigung der Cordillera, so dafs dazu passende Pferde bei weitem vorgezogen werden würden. Jetzt, wo der Fufs der argentinischen Seite der Anden-Kette durch eine Eisenbahn mit Buenos-Aires verbunden ist, kürzt der Landweg die Reise zwischen dem Stillen und dem Atlantischen Ocean in Süd-Amerika um einige Tage ab und erspart den Reisenden die immer gefährlichen Seefahrten zwischen Valparaiso und Buenos-Aires oder Montevideo durch die Magelhaens-Strafse, welchen in den Sommermonaten die Überschreitung der Cordillera immermehr vorgezogen werden wird. Dazu sind aber die chilenischen Pferde des Festlandes nicht geeignet.

Schädliche und giftige Tiere giebt es auf Juan Fernandez nicht, Flöhe nur wenige, und Spinnen sind noch seltener, die übrigens gleichfalls von aufsen her eingeführt worden sind. Wanzen, Fliegen, Mücken, Eidechsen und sonstiges Gewürm sind gar nicht vorhanden, weshalb also Herr von Rodt mit Recht die Insel ein Paradies nennt.

Mit der Armut der Insel an Landtieren kontrastiert der ungewöhnliche Reichtum an Bewohnern des Meeres.

Da sind zunächst die Seehunde, deren Zahl im Jahre 1801 auf drei Millionen geschätzt worden sein soll: in dieser Zeit nämlich will ein einziger Schiffskapitän eine Ladung von einer Million Felle exportiert haben, welche nach heutigem Werte derselben über 20 Millionen Thaler repräsentieren. Die Verwendung der Felle war eine sehr mannigfaltige; Napoleon I. liefs die Mützen der kaiserlichen Garde daraus machen; die Gerüste der Reitsättel wurden damit überzogen, weil man glaubte, dafs sie die Hämorrhoiden heilten: in Lima vermischte man die Seehundshaare mit der Wolle der Vicuñas für hohe Cylinderhüte, die sehr gut aussahen, aber bei feuchtem Wetter nicht ganz angenehm gerochen haben werden. Leider wurden diese nützlichen Tiere seit Anfang des gegenwärtigen Jahrhunderts ohne Mafs und Ziel getötet, so dafs sie auf Juan Fernandez ebenso wie auf dem Festlande von Chile jetzt fast gänzlich ausgerottet sind. Während unseres Aufenthaltes auf der Insel haben wir nicht ein einziges Exemplar zu Gesicht bekommen. Auf Mas a fuera hausen sie dagegen noch in gröfseren Massen.

In den alten Beschreibungen der Spanier und Engländer über Juan Fernandez spielen die Seehunde eine wichtige Rolle, und besitzen wir recht interessante Berichte über sie, von denen der Kuriosität wegen einige hier ihren Platz finden mögen. Für die gröfsten und das meiste Öl produzierenden Seehunde wurden die' weifslichen, Lobos de aceite genannt, gehalten, die so fett waren, dafs das Öl, während sie einfach auf den Felsen lagen, aus ihrem Körper herausgetröpfelt sein soll. Dadurch wurden sie mager, stürzten sich ins Meer, um sich wieder dick zu fressen und stiegen aufs neue wieder auf die Felsen, um ihr Fett loszuwerden. Die Spanier hatten ihren Erzählungen nach eine sehr leichte Arbeit, das Seehundsfett zu gewinnen: sie schnitten entweder das getötete Tier in Stücke und hielten diese in die Sonne, wodurch sich das Öl von selbst destillierte; oder sie gruben auf den Felsen, wo sich die Seehunde am meisten aufhielten, Kanäle ein, um das aus den feisten Tieren herauströpfelnde Fett zu sammeln; ein Hauptkanal leitete dann das Fett in grofse Fässer am Fufse des Felsens, wo es so klar anlangte, dafs man es zum Brennen sofort verwandte.

Der Reichtum an Fischen ist dagegen noch heute derselbe unerschöpfliche wie in den alten Zeiten geblieben und bildet gegenwärtig das Hauptprodukt der Insel. Bei der bis 8° betragenden gröfseren Wärme des Meerwassers finden wir hier verschiedene Arten von denen des Festlandes, aber alle von vorzüglichem Geschmack und die meisten mit prächtigen Farben: so eine Karpfensorte mit vergoldetem Rot, welche eine Zierde für Aquarien sein würde; auch giebt es Fische mit silbernen und goldigen Schuppen. Besonders schön ist eine Art, welche auf ihrem Rücken eine durchbrochene und durchsichtige Flosse trägt, die aufserhalb des Wassers sich erhärtet und der echten Perlmutter zum Verwechseln ähnlich sieht.

Unter den Krustentieren ist ein wichtiges Handelsprodukt die Langosta (Hummer), die berühmte kolossale Langosta von Juan Fernandez, welche in enormen Massen von den Segelschiffen der Insel in besonderen im Wasser nachgeschleppten Behältern lebend nach Valparaiso gebracht werden. Sie erreichen eine solche Gröfse und Schwere, dafs man eine nur mit Mühe in jeder Hand tragen kann. Auf sehr einfache Weise werden sie gefangen: man senkt einen Korb mit etwas Fleischköder in das Meer hinunter und wird ihn schon nach ein paar Minuten mit 5 bis 6 dieser gefräfsigen Seetiere in die Höhe ziehen können. Während in Valparaiso für ein lebendes Exemplar in den Hotels bis 2 Thaler bezahlt werden, erhalten die Fischer der Insel vom Pächter nur 5 Centavos. Der früher erwähnte Kapitän des Kriegsschiffes Abtao, Simpson, erzählt, dafs er in der Bahia del Padre einen toten Seehund als Lockspeise für die Langostas auf die Felsen legte und alle 5 bis 6 Stunden über 100 Stück davon einsammelte.

Die Auster ist an der Insel nicht einheimisch gewesen, aber von Herrn von Rodt dahin verpflanzt worden, ohne daſs sie trotz der dortigen günstigen Verhältnisse gedeiht, weil ihr die Langostas zu stark nachstellen.

Eine noch gröſsere Bedeutung als diese wird für die Zukunft der Bacalao (Stockfisch) gewinnen, dessen Ausbeutung bisher nur in den Gewässern von Nordamerika im Atlantischen Ocean in bedeutendem Maſsstabe betrieben worden ist. Bekanntlich hält sich dieser schmackhafte und medicinische Fisch nicht an den Küsten selbst, sondern in einiger Entfernung von denselben auf, wo er, unbelästigt von Haifischen, Seehunden und sonstigen ihm nachstellenden Feinden, Bänke von ungeheuer groſser Ausdehnung bildend, sich in staunenswerter Menge vermehrt. Schon jetzt haben die Bänke der Stockfische von Juan Fernandez eine solche Ausdehnung erreicht, daſs die äuſsersten Familien bereits die Küsten berühren und in den Häfen nicht selten enorme Exemplare von einem Meter Länge gefangen werden. Ihr Fleisch schmeckt vorzüglich und muſs ohne Zweifel frisch genossen noch stärkendere Wirkung ausüben, als in der medicinisch zubereiteten Form.

Aber auch in Chile gilt der Prophet nichts in seinem Vaterlande und man importiert lieber echten und unechten, guten und schlechten Bacalao von Europa, als daſs man sich der vorläufig noch unberechenbar groſsen Quantitäten im eigenen Seegebiete erinnerte. Der Fang ist mit keinerlei Schwierigkeiten verbunden; die Fischer fahren mit Netzen aus und kehren schon nach wenigen Stunden zurück, in ihren Böten 40 bis 50 Centner prächtiger Stockfische bergend. Die Inselbewohner essen sie mit Vergnügen täglich und trocknen die übrigbleibenden, um sie an die dort anlegenden Walfischjäger zu Spottpreisen zu verkaufen.

Sehr arm ist Juan Fernandez an Seevögeln; unter ihnen aber wird schon seit alten Zeiten einer ganz besonderen Art erwähnt, welche auch heute noch die Aufmerksamkeit hervorruft und Quebranta-huesos (Knochenbrecher) heiſst. Sie zeigen sich nur 1 bis 2 Tage vor dem Eintreten der Nordstürme, teils an den Küsten der Insel, teils um die etwa in der Nähe segelnden Schiffe herumfliegend oder auf den schaumbedeckten Wellen ausruhend, und verschwinden, sobald der Sturm nachläſst und schönes Wetter wieder eintritt, sofort in derselben rätselhaften Weise. Da man sie zu günstigen Zeiten weder auf der Insel, noch auf dem Meere angetroffen hat, bleibt es unerklärlich, von wo sie mit solcher Pünktlichkeit und Schnelligkeit vor dem Ausbruche der Nordstürme und gerade nur allein dieser, herkommen. Die Gröſse dieses Vogels ist die einer Ente, sein Hals dick, kurz und etwas gebogen; der Kopf groſs; der Schnabel stark, aber nicht lang; der Schwanz kurz; der Rücken etwas erhaben und die Flügel ausgedehnt.

Auf der Insel selbst sind die Vögel spärlich vertreten; auch die Raubvögel des Festlandes fliegen nur ab und zu nach der Insel hinüber, ohne lange daselbst zu verweilen, weil sie beim Mangel an Insekten und Käfern wenig Nahrung finden und das Fleisch der Ratten wohl nicht für schmackhaft genug halten. Einheimisch ist nur der Cernicalo, eine Art von Falke, von der entsprechenden Species des Kontinents durch stärkere zimmetähnliche Färbung auf der Brust verschieden. Eulen sollen mitunter auf der Insel hausen. Die Zorzales (Krammetsvögel) halten sich daselbst ebenso wie in Chile und Argentinien auf.

Sonst giebt es mit Ausnahme des gewöhnlichen Kolibris (Eustephanus galeritus), spanisch Picaflor, keine Vögel auf Juan Fernandez. Dieser interessante Vogel ist über ganz Chile von Atacama bis zum Kap Horn verbreitet. Auf dem Festlande fliegen einige Arten als Wandervögel in gröfseren Zügen im Frühjahr dem Süden und im Herbst dem Norden zu. Andere Arten überwintern auf denselben Stellen der kälteren Gegenden, wo sie im Sommer zu weilen gewöhnt sind, in einem Zustande von Erstarrung, aus dem sie zeitweise bei schöneren warmen Wintertagen erwachen, um darnach wieder in ihren Winterschlaf zu verfallen. Auf Juan Fernandez hat sich der Kolibri infolge der gezwungenen Abgeschlossenheit in einen sefshaften Vogel verwandeln müssen, welcher nun die Grabesstille der Insel wohlthuend unterbricht und deshalb von dem Besucher mit besonderer Freude begrüfst wird. „Sie beleben, sagt Gould in seinem naturgeschichtlichen Werke, die Gegenden, in welche sich kein menschlicher Fufs verirrt; sie flüstern dem stumpfen Ohre der kalten Einöde ihre zarten Töne zu."

Wie ein Pfeil fliegt er von Blume zu Blume, stöfst einen hellen Schrei aus und balanciert über der Blüte seinen unbeweglichen Körper, die Flügel so schnell schlagend, dafs man sie nicht sehen kann und die glänzenden Augen in beständiger Bewegung hinter den kleinen Insekten, die ihm zur Nahrung dienen und fliehend vor dem Cernicalo, der ihn wiederum verfolgt. Die Farben der beiden Geschlechter des Kolibris auf Juan Fernandez sind so gänzlich von einander verschieden, dafs mehrere Naturforscher und Reisende, unter jenen auch Brehm in seinem vortrefflichen illustrierten Tierleben, sie für zwei besondere Arten betrachtet haben. Das Männchen hat ein schönes Rot und glänzt auf dem Kopfe wie Kupfer; das Weibchen dagegen ist olivengrün. Bei Vögeln, wo ein ähnlich auffallend starker Unterschied in der Farbe der beiden Geschlechter sich vorfindet, nehmen die Jungen, wenigstens in den ersten 6 Monaten ihres Lebens, die Farbe der Weibchen an, während sie hier das Licht der Welt sofort in der ihrem Geschlechte zukommenden Färbung erblicken, eine Erscheinung, welche sonst bei keiner andern Vogelgattung beobachtet worden und entschieden der Hervorhebung wert ist. Ein Irrtum liegt hier nicht vor, da der gewissenhafte und gelehrte englische Naturforscher Reed specielle, eingehende Studien darüber gemacht und der Sicherheit halber 70 bis 80 Kolibris von Juan Fernandez seziert hatte.

Auch die Behauptungen desselben Gelehrten über ihren Ursprung sind vollständig richtig und mehr oder weniger wie folgt gehalten: Die Schwirrvögel, Kolibris, gehören ausschliefslich Amerika an; von den 400 bis 500 Species sind einzelne über grofse Strecken, wie der Eustephanus galeritus über ganz Chile verbreitet; andere dagegen, wie die an den Abhängen des Chimborazos lebende Species, nur über ein paar Meilen. Aber wunderbarerweise besitzt keine Insel, welche in gewisser Entfernung vom Festlande liegt, Kolibris, mit alleiniger Ausnahme von Mas a tierra. Einheimisch können sie auf derselben nicht sein, da die Insel in viel späterer Zeit als der Kontinent entstanden ist. Ein Auswandern von diesem in ihrer heutigen Form darf ebensowenig angenommen werden, weil sonst wenigstens einige Exemplare auf dem Festlande hätten zurückbleiben müssen. Als einzige zutreffende Erklärung läfst sich also nur die Hypothese aufstellen, dafs eine Schar oder einzelne Picaflores des Kontinents auf ihren Wanderzügen vom Winde nach der Insel verschlagen worden sind, woselbst sie bei besseren Lebensbedingungen, die in reichlicherer Nahrung und in einer geringeren Anzahl von Feinden bestanden, mit der Zeit sich besser entwickelten, gröfser wurden und lebhaftere Farben entfalteten. Soweit der englische Naturforscher. Diese Umgestaltung derselben Species nach ihrer Übersiedelung auf anderen Boden gewährt ohne Zweifel ein grofses Interesse für das Verständnis der Entwickelung der menschlichen Rassen, auf welche in ihren Wanderungen der Unterschied des Klimas, der Nahrung und der Lebensweise in ähnlicher Art eingewirkt hat, worauf näher einzugehen hier nicht der Ort ist.

Im Monat September lassen sich die Picaflores auf Juan Fernandez am leichtesten fangen, und hat man beobachtet, dafs die Männchen zahlreicher als die Weibchen zu sein scheinen. Da diese Species in ihrer Weise eine einzig und allein hier vorkommende und überdies auf der Insel nicht allzu häufig ist, sollen von Museen und Liebhabern in Europa sehr hohe Summen, wie Reed erzählt, für ein Exemplar bezahlt worden sein.

Trotz der Starrheit der hohen Felswände, welche die Insel umgeben, würde derjenige eine irrige Meinung über sie haben, der sie nur nach dem ersten Eindruck vom Meere her beurteilte und für eine Aglomeration düsterer, unwirtlicher Felsen hielte. Nichts liegt aber der

Wirklichkeit ferner! Gerade dieser verödete, schaurige und doch imposante Charakter der steilen Küsten verleiht der Insel Mas a tierra einen der mächtigsten Anziehungspunkte, weil diese mit dem blauen Meere, das ihren Fuſs bespült und dem ewigen Grün der variierten und frischen Vegetation, welche sich auf ihrem Rücken ausbreitet und die launischen Formen des Erdbodens verschönt, den lebendigsten Gegensatz bilden. Ihr taubstummes Kind, dem die Natur den Gesang der Vögel und die mannigfaltigen Stimmen der Vierfüſsler versagt hatte, muſste sie als Ersatz desto reicher mit Pflanzen schmücken. Daher ist die Flora hier zahlreich vertreten und weist sogar einige Specialitäten auf, wie das Sandelholz, die Chonta, mit welcher die in den Tropen Peru's und Bolivia's einheimische Palme eine nur sehr entfernte Ähnlichkeit hat, und die so zahlreichen und eleganten Farrenkräuter.

Immergrüne Wälder bedeckten einst auf dem früher erwähnten östlichen Teile von Juan Fernandez sämtliche Thäler und sämtliche Berge vom Fuſs bis zum Gipfel, so steil sie auch aus den Ebenen emporstiegen. Im Laufe der Jahrhunderte jedoch fielen die mächtigen Stämme unter der Axt derer, welche sie zum Schiffsbau und Brennholz gebrauchten, zuerst im Thale der Cumberland-Bai, wo sie der geräumigen Strafkolonie Platz machen muſsten und bis an die mittleren Abhänge der Berge heute gänzlich verschwunden sind, später auch im Thale des Puerto ingles, welches indessen seines Waldschmuckes nur an dem Abhange der Felswand Sal si puedes vollständig beraubt worden ist, sei es daſs die steilen Bergpfade ein umfangreicheres Ausbeuten der Wälder verhinderten, sei es, daſs man das von Alexander Selkirk bewohnte Robinsonthal in einer gewissen Ursprünglichkeit erhalten wollte.

Die Musik war nun verstummt und die Beine der Tänzer zur Ruhe gekommen. Am nächsten Morgen, dem 4. April, Ostersonnabend, wurde es frühzeitig auf dem Dampfer lebendig. Alle Welt richtete sich zum Ausfluge nach der Insel; die einen, um auf Jagd auszugehen, andere um Chontas zu holen, andere um in gröſserer Gesellschaft den Lookout Selkirks zu besuchen, noch andere um den Puerto ingles zu sehen; kein Mensch wollte auf dem Schiffe bleiben. Ein warmer freundlicher Sonnenschein spielte auf dem Felsen und dem grünen Lande und vergoldete die Kronen der mächtigen Bäume. Hell glänzte das wunderbare Blau des Oceans, auf welchem wie in einem See der Maipo unbeweglich ruhte. Ein wonniger Schauer des Entzückens strahlte aus den Augen der Passagiere, und selbst über die ehernen, wettergebräunten Gesichter der Seeleute glitt ein Lächeln der Befriedigung. Der Zauber, den Juan Fernandez seit seiner Entdeckung auf alle, die sich ihm genähert haben, ausgeübt hat, liegt ja eben darin, daſs hier auf dieser einsamen Insel, die aber mit allen Herrlichkeiten und Vorzügen des Klimas und des Bodens ausgeschmückt ist, die grofsartige Natur in ihrer ganzen Schönheit und Poesie noch unentweiht thront und die geräuschvolle Prosa des Weltenverkehres ihren Fufs noch nicht auf den dortigen Strand gesetzt hat. Für die materielle Verwertung der Reichtümer der Insel und ihren Nutzen für die chilenische Regierung kann dieser Zustand keineswegs förderlich sein, so sehr er auch den der Erholung und Ruhe bedürftigen Besucher erfreut: denn dieser köstlichen Ruheplätze, wo der Mensch frei und ungestört, mit sich selbst allein sein und inneren Frieden und Seligkeit atmen kann, hat der hastige Kampf um das tägliche Brot nur sehr wenige auf dem weiten Erdenrunde übrig gelassen! Mit welchem Entzücken entfliehen wir nicht zuweilen dem Getümmel der Grofsstädte, um in einem stillen, abgelegenen Örtchen, fern von der rauschenden menschlichen Gesellschaft einige Tage der Stille und der Abgeschlossenheit, in der reineren Luft der Wälder und Berge zu verleben, um in die alten Lebenskreise, nachher gestärkt und erfrischt, wieder zurückzukehren! — Das ewig blaue Meer mit seinen Schätzen, das immer gemäfsigte Klima, die üppige Vegetation, das grofsartige Panorama auf Juan Fernandez erfrischten die Seefahrer nach ihren mühevollen, langen Reisen und mufsten ihnen die begeisterten Schilderungen, wie sie uns aufbewahrt worden sind, entlocken. Dieser selben Vorzüge wegen trennte sich Selkirk so schweren Herzens von seiner Insel.

Auch die Passagiere des Maipo wollten diese wunderbare Natur in vollen Zügen geniefsen. Unter denselben befanden sich 2 Photographen, ein Franzose und ein Chilene, welche sich bereit erklärten, den Hauptkolonnen der heutigen Expeditionen sich anzuschliefsen und die wichtigsten Punkte der Insel aufzunehmen. Jener begleitete die Besucher des Lookouts, welche hauptsächlich aus Engländern bestanden, und dieser die Karawane nach der Robinsonsgrotte, zu der ausschliefslich Deutsche gehörten.

Vom Dampfer aus gesehen, schien es bei der Steilheit der diesseitigen Bergwand von Sal si puedes ein Ding der Unmöglichkeit, den Weg nach dem Robinsonthale zu Fufs zurückzulegen. Wir entschlossen uns also, Herrn von Rodt um ein Boot zu bitten, welches uns nach diesem Teile der Insel bringen sollte, und fuhren gegen 6$^{1}/_{2}$ Uhr morgens an Land, ohne uns aber mit Proviant zu versorgen, weil wir glaubten, dafs wir mit Bequemlichkeit zum Frühstück an Bord zurück sein könnten. Da die Luft etwas kühl war, nahm ich meinen Überzieher mit, ohne zu ahnen, dafs dies Kleidungsstück nachher einem Freunde in peinlicher Situation sehr zu statten kommen sollte. Herrn von Rodt trafen wir vor seinem Hause an und teilten ihm unser Anliegen mit. Bereitwilligst versprach er das Nötige auszurüsten und die Ruderer zu stellen; ja er war willens, uns selbst zu begleiten, damit wir alle Vorteile seiner Bekanntschaft mit der Insel auszunützen Gelegenheit hätten. Dafs wir einige Augenblicke zu warten hätten, fanden wir natürlich und überdies unsern Absichten entsprechend. Denn es interessierte uns, einerseits das Thal, in welchem die Strafkolonie gelegen hatte, nach allen Richtungen hin mit Mufse zu durchwandern, anderseits wollten wir uns nach Merkwürdigkeiten umsehen, wenn überhaupt die Engländer am vorhergehenden Abende noch einige übrig gelassen hätten und welche wir, wie man uns gesagt hatte, in dem am Anfange des Hochplateaus gelegenen, von einem riesigen Feigenbaum beschatteten Häuschen am besten finden würden. Dahin also richteten wir unsere Schritte.

In enger und vom Grün der Pflanzen überdeckten Rinne flofs der Hauptbach des Thales. Da und dort erhob sich ein Strauch von Membrillos (Quitten), welche wie alle von Chile eingeführten Obstbäume vorzüglich gediehen und deren Früchte die des Mutterlandes an Gröfse und Wohlgeschmack bei weitem übertreffen. Hier wuchsen mächtig verzweigte Pfirsichbäume und dort am Abhange der Erderhöhung die ersten Farrenkräuter, welche uns zu Gesicht kamen.

Langsam stiegen wir zur Hütte des Fischers empor, welche, wie alle Wohnungen der Insel aus leicht zusammengefügten Brettern, von einheimischem Holze geschnitten, erbaut ist und bei der Milde der Temperatur während des Winters genügenden Schutz gewährt. Sie enthält nur einen einzigen Raum, der als Wohn-, Schlaf- und Arbeitszimmer dient und für eine selbst zahlreichere Familie vollkommen ausreicht; denn am Tage verweilen die Kinder meist auf dem freien Platze vor dem Hause, während sie des Nachts auf einem Ziegenfell schlafen, das auf dem festgestampften, die Stelle der Diele vertretenden Erdboden ausgebreitet ist.

Leider konnten wir nur einige halbfertige Stöcke der Chonta kaufen, welche für Normal-Menschen zu kurz ausgefallen und deshalb von den Engländern verschmäht worden waren. Diese Stöcke werden aus der 4 bis 5 Centimeter dicken, getrockneten Rinde der auf Juan Fernandez einheimischen Chonta verfertigt und bilden wegen ihrer Festigkeit und wegen der schwärzlichen Adern, die die mattgelbe Rinde durchziehen, einen sehr gesuchten und gut bezahlten Handelsartikel. Auch zu Mosaiken verwendet man sie auf der Insel, hat aber noch keine geschmackvollen Sachen verfertigen können. Im Anfang dieses Jahres wurden in Santiago einige Möbel für ein Schlafzimmer öffentlich zur Schau gestellt, welche mit Fournieren aus Chonta belegt waren und einen überraschend schönen Effekt machten. Die dunklen Adern der Rinde bringen ein reizendes Jaspé hervor, das für Luxusmöbel einen grofsen Wert für die Zukunft haben wird.

Diese schöne und nützliche Palmenart (Jubea spectabilis) bedeckte früher waldartig die Insel, hat aber mit der Zeit auf die höchsten und steilsten Stellen flüchten müssen, wohin die zerstörende Axt des Menschen nur mit Gefahr des Lebens gelangt. Der Stamm sieht dem indischen Bambusrohr sehr ähnlich und treibt an der Spitze lange, schmale, mittelgrüne Blätter, von denen die unteren herabhängen und die neueren Triebe nach oben gerichtet sind. Die Palme erreicht bei der Zerstörungssucht der Einwohner heute nicht mehr als eine Dicke von 15 bis 20 Centimeter und eine Höhe von 10 bis 17 Meter. Die junge Pflanze gedeiht allein im Schatten anderer Bäume und stirbt, sobald diese entfernt worden, in kurzer Zeit von der Hitze der Sonnenstrahlen getötet, ab. Das Mark des lebenden Baumes, welches ebenso wie im getrockneten Zustande eine gelblich weifse Farbe hat, wird gegessen und schmeckt zarter und süfser als das Fleisch der Kokosnüsse. Die grofsen Trauben der Früchte, welche so schwer mitunter sind, dafs sie ein Mann kaum in die Höhe zu heben vermag, übertreffen die Haselnüsse und Pinien an Wohlgeschmack. In der Nähe habe ich keine Chonta gesehen, so sehr ich danach Verlangen trug; denn unser Fischer, den ich über die Standorte befragte, wies nach der obern Hälfte der Abhänge des Yunque, so dafs ich sie nur mit dem Fernrohre aus der Masse der den Bergriesen bedeckenden Bäume zu unterscheiden vermochte. Hoffentlich erbarmt sich ihrer die chilenische Regierung und zwingt den Pächter zu planmäfsigen neuen Anpflanzungen, woraus eine reiche Quelle für den Staatssäckel entspringen würde, da die Chonta auch für Gartenanlagen eine wertvolle und prächtige Zierde sein mufs.

Von der früheren Stadt, welche bis zur Erhöhung, auf der wir uns befanden, heranreichte, war nicht die geringste Spur mehr zu erkennen.

Für die Anlage einer neuen Stadt eignet sich das Terrain vorzüglich, und hoffen wir im Interesse der leidenden Menschheit, dafs dies recht bald geschehe: denn für einen der besten Kurorte besitzt Juan Fernandez alle nur wünschenswerten Bedingungen, und würde es jeder gern verschmerzen, dafs die Insel von ihrem jetzigen Zauber etwas einbüfse, wenn sie nur dafür recht vielen Kranken die Gesundheit wiedergiebt! Das gegenwärtig fast baumlose Thal würde bei dem überaus fruchtbaren Boden und bei der warmen Luft in kurzer Zeit mit Nutz- und Luxusbäumen aller Art bepflanzt werden können, welche den Genesenden für ihre Spaziergänge so nötig sind und welche gegen die Heftigkeit der Windstöfse Schutz bieten würden; reine Gebirgs- und reine Seeluft finden sich hier vereint; die abgeschlossene Lage der Insel verschafft den Kranken eine heilsame Ruhe; die Grofsartigkeit der landschaftlichen Scenerieen erhebt den müden Geist und verleiht ihm frischen Lebensmut; Bäder in fliefsendem Wasser oder im Meere lassen sich ohne Mühe herrichten, kräftigende Nahrung erzeugt die Insel an Ort und Stelle in ausreichender Menge und Güte, und eine im Winter und Sommer gleichmäfsige Temperatur giebt ihr einen grofsen Vorzug vor den meisten Kurplätzen der Welt.

Das sind entschieden mannigfaltige und wichtige Vorzüge, welche hier angeführt wurden. Aber die Natur hat sich damit nicht begnügt. Den Fufs der Berge und die Thäler bedeckt die blutreinigende Zarsaparilla, meistens an dem Rand der Bäche wachsend und diesen ihre Heilkraft mitteilend. Aufserdem findet sich die Münze, Yerbabuena und noch 2 andere Medicinpflanzen zahlreich vor: die Chepica und die zierliche Sanguinaria mit ihrem schwarzen, glänzenden Stengel und den kleinen, steifen und rundlichen Blättern, die so aussehen, als seien sie die kunstvolle Leistung der geübten Hand einer meisterhaften Blumenfabrikantin. Das Wasser der Bäche der Insel besitzt demnach eine aufserordentliche Heilkraft, wie sie in wenigen Teilen der Erde wieder angetroffen wird. Zu bedauern ist, dafs alles, das Gute und Nützliche, das es in sich birgt, so viele Jahrhunderte hindurch unbenützterweise in das Meer geflossen und nur einem verschwindend kleinen Bruchteil der Menschen zugute gekommen ist, während jährlich Tausende von Leidenden dort hätten genesen können.

Im Gegensatz zu den sonst berühmten Heilwassern, welche künstlich eingefafst oder erst verarbeitet werden müssen, hat man hier eben nichts anderes zu thun, als das Wasser zu trinken, wie es durch die Pflanzen hindurchfliefst. An Unreinigkeiten des Blutes Leidende, Skrophulöse und Syphiliskranke, welche auf der Insel verweilten, sind während eines Aufenthaltes von einigen Monaten durch den alleinigen Gebrauch des natürlichen Wassers, ohne irgend welche sonstige Arznei vollständig gesund geworden, wobei allerdings das Klima und die reine Luft das ihrige dazu beigetragen haben.

Daher fordern Krankheiten auf Juan Fernandez keine oder nur unverhältnismäfsig wenige Opfer. Als zur Zeit, wo die Insel Staatsgefängnis war, bis 300 Menschen auf dem engen Raume zusammenlebten, unter den möglichst ungünstigsten Verhältnissen, wie im ersten Teile dieses Buches gezeigt wurde, war die Sterblichkeit eine beispiellos geringe und das Bedürfnis nach Ärzten oder nach Medicin niemals gefühlt worden. In den jetzt verflossenen letzten 10 Jahren ist nur ein einziger Bewohner der Insel gestorben, aber nicht an Krankheit, sondern an Altersschwäche, im Alter von über 80 Jahren! —

Unterdessen waren mehrere Züge von Passagieren ans Land gestiegen und bis zu dem Hause des Herrn von Rodt gegangen, das als Rendez-vous für die Karawanen nach dem Lookout bestimmt worden war. Die Herren, meistens Engländer, erschienen in voller Weidmannstracht, mit Büchsen und Flinten bewaffnet, um eine regelrechte Jagd auf die wilden Ziegen der Insel zu veranstalten. Die Damen waren wie zu einem einfachen Spaziergange gekleidet. An der Spitze den Photographen, dessen Gerätschaften von zwei rüstigen Inselbewohnern getragen wurden, brachen sie auf und verloren sich in wenigen Minuten aus dem Gesichtskreise, und nur die zahllosen Schüsse, welche ohne Unterbrechung abgefeuert wurden, bezeichneten die eingeschlagene Richtung für einige Zeit.

Still war es wieder vor dem Hause der alten Gouverneure geworden, wo der deutsche Zweig der angelsächsischen Rasse ruhig der Vollendung der sich in die Länge ziehenden Vorbereitungen zu unserer Bootsfahrt harrte. Waffen führten wir keine anderen mit uns, als einige kurze Grabscheite für die Ausgrabung von Pflanzen und leere Umhängetaschen zur Aufbewahrung von merkwürdigen Gegenständen. Leider hatten wir nicht daran gedacht, irgendwelche Mundvorräte mitzunehmen. Die Sonne stand schon hoch am Himmel und noch immer war das Boot nicht ausgerüstet. Unschlüssig lief Herr von Rodt umher, bald nach der Landungstreppe, bald wieder in seinem Hause verschwindend, ohne recht zu wissen, was er beginnen sollte. Es war nämlich die Meldung eingelaufen, dafs dieser oder jener Inselbewohner unter einem nichtigen Vorwande sich weigere, als Ruderer für unser Boot zu dienen, wobei es, da strengere Mafsregeln dem Pächter nicht zu Gebote standen, sein Bewenden haben mufste. Ferner verlangte ein Herr Waddington, Abgeordneter für Valparaiso, zu dessen Provinz auch die ferne Insel gehörte, zwei Pferde, um mit einem Freunde nach dem Puerto frances zu reiten, welches der einzige betretbare Teil des Eilandes war, den dieser Herr noch nicht gesehen hatte.

Dies Unternehmen entbehrte keineswegs grofser Schwierigkeiten, da der an und für sich steile Weg an den meisten Stellen aus nackten Gesteinen bestand, welches unserer Meinung nach für Pferde ein unüberwindbares Hindernis sein mufste. Wir machten Herrn Waddington auf die Gefahren, deren er sich aussetzte, aufmerksam; allein derselbe entgegnete uns lächelnd, dafs er sich ohne Sorge den Pferden der Insel anvertraue, weil er die aufsergewöhnliche Sicherheit ihrer Beine aus Erfahrung kenne. So viele Mühe es gekostet hatte, die halbwilden Pferde in der bereits erwähnten Einfriedigung mit dem Lazo zu fangen, ebenso ruhig liefsen sie sich, als sie die Schlinge am Halse fühlten, die Sättel auflegen. In langsamem Trabe überschritten die beiden Reiter die Ebene und stiegen auf dem schmalen Pfade nach der Punta Loberia empor, hinter der sie unsern Blicken entschwanden.

Da für uns die entscheidende Stunde immer noch nicht geschlagen hatte, trennte ich mich von meinen Gefährten, um vom Landungsplatze aus den Strand auf- und abwandelnd seltene Muscheln oder sonstige vom Meer ausgespülte Merkwürdigkeiten zu suchen, woran meine bisher gemachte Ausbeute eine sehr geringe gewesen war. Denselben Zweck wie ich verfolgten auch einige Engländer in mäfsiger Entfernung von mir, auf der Strecke nach der Punta San Carlos zu. Plötzlich fängt einer von ihnen an schnell zu laufen. Es bemerken und wie ein Pfeil hinter ihm herstürzen, war für mich das Werk eines Augenblickes. Eine Schildkröte war von den Wellen auf einen der höheren Steine ausgeworfen worden und jedenfalls ein interessanter Preis für den Sieger im Wettrennen. Bei der Kürze der Strecke lohnte es sich der Mühe, die Kräfte aufs höchste anzustrengen, um den Engländer, der einen Mitbewerber nicht im entferntesten gefürchtet hatte, zu überholen. Erst als ich ihn beinahe erreicht hatte, spornte er seine langen Beine zu gröfserer Schnelligkeit an; aber ich gewann einen kleinen Vorsprung und mir „ward der schöne Preis zu teil".

Bis ich mich desselben erfreuen konnte, verging jedoch einige Zeit. Bei der rapiden Geschwindigkeit nämlich, in welcher sich mein Körper befand und der Beweglichkeit der Steine wegen war ich, als ich nach der Schildkröte greifen wollte, in voller Länge über dieselbe auf die Steine gefallen und anfangs unfähig, wieder aufzustehen, welcher nicht beneidenswerte Umstand das Gute hatte, dafs der Engländer aus Rücksicht auf meinen zerschundenen Leib und die damit verbundenen Schmerzen mir den Besitz der Schildkröte nicht streitig machte. Um aber wenigstens etwas für die Wiedererlangung des von ihm zuerst gesehenen Objektes gethan zu haben, versuchte er mich auf diplomatischem Wege zur Herausgabe des an der Insel ohnehin seltenen Tieres zu bewegen. Allein ich fand glücklicherweise im rechten Augenblicke das richtige Wort, in dem ich mit Bismarck triumphierend ausrief: „uti possidetis". Diese parodierte historische Antwort, welche in meiner komischen Lage mehr klagend als nachdrücklich herausgekommen war, erregte bei den Engländern, die mittlerweile herangetreten waren, ein homerisches Gelächter, und allgemeine Heiterkeit beschlofs das kleine Abenteuer, welches mich eine zerrissene Hose und verschiedene Wunden am Körper kostete, mir aber wenigstens die einzige Schildkröte eintrug, welche während unserer Expedition gesehen worden war. Leider hatte sie durch meinen Fall gröfseren Schaden als ich selbst erlitten, indem ihr von Hause aus dünnes Rückenschild, das vielleicht schon morsch gewesen war, als ich endlich aufzustehen vermochte, sich als zerbrochen herausstellte, so daſs es keinen Wert mehr hatte. Die übrigen Körperteile waren vollzählig und in gutem Zustande erhalten; die Länge des Tieres hatte einen und einen halben Fuſs betragen.

An dieser Seite der Ebene der Cumberland-Bai flieſst der zweite Bach dieses Thales, der aber, weil der Strand des Oceans hier etwas höher als das Land liegt, das Meer nicht erreichen kann. Unter den heiſsen Strahlen der Sonne und bei der vollständigen Baumlosigkeit der Ebene an dieser Stelle verdunstet das sich am Strande ansammelnde Wasser zum gröſsten Teile, erzeugt aber einen üppigen Pflanzenwuchs. Hier stehen besonders viele Rábanos (Radieschen), welche einen kräftigen Stamm treiben und sogar eine buschartige Gröſse erreichen. Unter den antiskorbutischen Gewächsen haben sie jedenfalls den nach jahrelanger, ununterbrochener Seereise an der Insel anlegenden Schiffen einen segensreichen Dienst geleistet. Auch im Puerto frances treffen wir sie noch heute auf weiten Strecken an, wo ein ganzer Berg nach ihnen den Namen El Rabanal führt.

Rechts an der Seite der Punta San Carlos ruhen in trockener Erde auf einer mäſsigen Erhebung die Gebeine der auf der Insel Verstorbenen, deren Gräber dichtes Gras bedeckt. Links nach der Mitte der Cumberland-Bai zu kriechen auf dem Boden in gleichmäſsigen Zwischenräumen die nicht mehr gepflegten Weinreben, die kümmerlichen Überreste einer in früheren Zeiten berühmten Anpflanzung. Wenn auch die Trauben, weil sie im Thale stehen und kein Berggelände dahinter die Sonnenstrahlen konzentriert, feurigen Wein nicht geliefert haben, so war derselbe doch sehr wohlschmeckend und duftend und die Vernachlässigung derselben in jeder Beziehung ungerechtfertigt. Mag das Wasser der Insel auch noch so viele Heilkräfte besitzen, die Milch der Kühe und Ziegen stärkender und aromatischer als sonst in der Welt sein: das Getränk, das des Menschen Herz allein „erfreut", ist doch nur der Wein, und sein Anbau würde unsern „letzten Robinson" in gleicher Weise emporgehoben haben, wie es alle Völker erfahren muſsten, welche ihn gepflegt und — getrunken haben! Jede Ruine erweckt wehmütige Gedanken in dem Beschauer, aber die Betrachtung der Ruine einer einst blühenden Weinpflanzung noch traurigere!

Auf diesem Wege war ich wieder bei dem Hause des Herrn von Rodt angelangt, und zwar gerade an der Seite der früheren Verbindungsstraſse, wo er auf einem groſsen Stücke Acker sich einen gut gepflegten Gemüsegarten angelegt hat, der eine kleine Landstadt mit Grünzeug reichlich versorgen könnte. Da das Gemüse zum guten Gedeihen einer regelmäfsigen Feuchtigkeit und hinreichenden Wärme, nicht aber der sengenden Sonnenstrahlen bedarf, ist dessen Anbau auf Juan Fernandez vom besten Erfolge begleitet und können ohne besondere Pflege und Sorgfalt in kürzerer Zeit als auf dem regenärmeren Festlande alle möglichen Küchenpflanzen gezogen werden, so dafs also der von uns geplante Kurort reichlich damit versorgt werden würde. Auch Tafelfrüchte sind schon jetzt vorhanden. Von früheren Epochen her sind nämlich einige Erdbeeren der grofsen Gattung, welche in Chile die einzige angebaute Art ist, wogegen die kleinen, aromatischen Walderdbeeren Deutschlands hier nicht vorkommen, übrig geblieben, aber verwildert; sie haben hier einen vorzüglichen Wohlgeruch und erreichen die Gröfse eines Pfirsichs.

Alles, alles gedeiht auf dieser gesegneten Insel in überraschender Weise und verursacht keine andere Mühe als ein einfaches Auflockern der Erde und das Ausstreuen des Samens, ohne dafs man irgendwelche Rücksicht auf die Jahreszeit zu nehmen hätte. Denn der Winter darf hier nur als ein zweiter Sommer, wo weniger Hitze und häufigerer Regen herrscht, angesehen werden und setzt dem Anpflanzen der Gemüse und Fruchtsorten keine Schranken.

Endlich wurde uns mitgeteilt, dafs das Boot unserer harre und die Abfahrt ohne Verzug vor sich gehen könne. Der Tag war unterdessen weit vorgerückt und hatte einen tüchtigen Hunger in uns erweckt, da bisher nichts anderes als die Reichtümer der Insel vor uns aufgetischt worden waren. Die harte Notwendigkeit zwang uns, obgleich wir aufs neue Zeit verloren, nach dem Maipo zu fahren, um die für die Ausbeute an Pflanzen bestimmten Umhängetaschen mit Lebensmitteln zu füllen, die dann auf dem Wege nach der Robinsons-Grotte verzehrt werden sollten.

Eine eigentümlich feierliche, weihevolle Stimmung überkommt einen, wenn man sich Plätzen nähert, wo der Fufs eines Menschen gewandelt hat, dessen Name in das Buch der Weltgeschichte oder Weltlitteratur mit unverwischlichen Lettern eingetragen ist. Hier handelt es sich nicht um kühne Thaten der körperlichen Kraft, nicht um epochemachende Erfolge eines höher beanlagten Geistes, sondern um das Sehnen eines Sohnes aus dem Volke nach der Einsamkeit, nach Abgeschlossenheit von der übrigen Menschheit, nach dem Versenken in die Natur Gottes, aus welcher er in stummem, aber heifsem Kampfe mit sich selbst vollständige Befriedigung und Seelenruhe für die zweite Hälfte seines Aufenthaltes errungen hatte! Als ein besserer verläfst er die Insel, seine Figur ist ins Grofse, ins Riesenhafte gewachsen und die bereits verflossenen Jahrhunderte haben sie nicht in den Staub zu ziehen vermocht. Diese weihevolle Stimmung ist nicht das Erzeugnis des aufgeregten Geistes, der

Der Bergzug „Sal si puedes" auf Juan Fernandez.

gläubig die ehrwürdigen Erzählungen der Vergangenheit für Wahrheit aufnimmt; sie zieht vielmehr durch die offenen Augen des hellen Tages unserer nüchternen Gegenwart in unser Herz hinein, so daß wir eben nur zu sehen brauchen, was vor uns liegt!

In seiner ganzen Schönheit spiegelte sich der wolkenlose, blaue Himmel in dem leise atmenden Meere wieder, dessen wunderbare Farbe jetzt erst, als wir uns möglichst nahe der Küste hielten, in vollem Maße zur Geltung kam, weil die senkrecht ansteigende Felswand wie ein kolossaler Vorhang die übrige Welt vor uns verdeckte. An derselben konnten wir deutlich die vielen kleinen Spalten und Risse betrachten, mit welchen die ganze freie Fläche der Felswände rings um die Insel bedeckt ist und die ihnen das Aussehen eines frischgepflügten Ackerfeldes geben, das die Natur in einer sonderbaren Laune aus der horizontalen in eine aufrechtstehende Lage gestellt hat. Zu verwundern ist es daher nicht, dafs daselbst eine so spärliche Vegetation angetroffen wird, welche einzig und allein von der sogenannten Teatina, einer Art wilden Hafers, gebildet wird, die aus der dünnen, durch Verwitterung entstandenen Erdschicht der Felsenspalten ihre Nahrung erhält. Diese für die Ziegen ungemein wichtige Grasart gedeiht auf der ganzen Insel nur an solchen Stellen, wo die dünne Humusschicht den übrigen weniger genügsamen Pflanzen oder Bäumen das Sicheinwurzeln unmöglich macht; denn weder an den Abhängen des Thales der Cumberland-Bai, noch in diesem selbst wächst das bescheidene goldene Gras, da der Boden daselbst in seiner großen Fruchtbarkeit dieses Lückenbüfsers der Natur nicht bedarf. Die riesigen Kakteen, welche an den Abhängen der Küstenberge Chile's in ihrer Steifheit überall emporragen, finden sich auf Juan Fernandez nirgends vor. Die Teatina dagegen schmückte in früheren Jahrhunderten, als die Berge in der Umgebung von Valparaiso bei dem dichten Baumwuchs der damaligen Zeit noch regelmäfsig während des Sommers durch Regengüsse erfrischt wurden, gleichfalls die ärmeren Bodenstrecken der Küste des Festlandes, welche im Gegensatze zu heute, wo nach der Ausrottung der Wälder die Niederschläge ausbleiben, die Thäler ausgetrocknet sind und die Teatina ausgestorben ist, auf das Auge des anlandenden Seefahrers einen überaus wohlthuenden Eindruck machten. Jetzt beleben sich die kahlen Berge nur in der Regenzeit des Winters mit grünem Grase.

Die Punta San Carlos ist der östlichste Punkt des hohen und steilen Bergzuges Sal si puedes, welcher die Cumberland-Bai von dem Thale des Puerto ingles trennt und von dem die nebenstehende Abbildung einen richtigen Begriff giebt. Einige Ausläufer erscheinen aber nicht als senkrechte Felswand wie die Punta San Carlos, sondern als steile Sandhügel, welche eine fernere Eigentümlichkeit von Juan Fernandez bilden und mitunter fast ganz lotrecht ins Meer abfallen. Der sie bedeckende Sand hat eine weifslich-graue Farbe und hört zuweilen wie abgeschnitten in einiger Entfernung vom Meere auf; da und dort ragen kleine isolierte Felsenköpfe von geringer Höhe aus dem Sande empor.

Im Gegensatze zu den das Thal der Cumberland-Bai einschliefsenden Bergen, welche zum gröfsten Teile, oft vom Fufse bis zum Gipfel bewaldet sind, bemerken wir an der dem Ocean zugewendeten Seite des Bergzuges Sal si puedes nur sehr geringen Baumwuchs. An seinem westlichsten Ausläufer waren wir nach einer Fahrt von einer halben Stunde angelangt. Dieser bildet die höchste Erhebung, stöfst mit einer Front, die breiter als diejenige der Punta San Carlos ist, ans Meer und ist ebenso wie diese mit unzähligen Rissen und Spalten bedeckt, in denen die goldenen Halme des Berghafers üppig wuchern, welche der dunklen Färbung der Felsengesteine einen etwas freundlicheren, helleren Ton verleihen.

Diese Felsenrisse erscheinen, selbst mit dem Fernrohre gesehen, nur von geringer Tiefe und meistens ohne erkennbare Verbindung mit den nebenliegenden Spalten, so dafs es unbegreiflich ist, wie so grofse Tiere als die Ziegen in denselben zu hausen und von da aus auf die Berge der Insel selbst zu gelangen vermögen. Noch hatten wir keine Ziege entdeckt, bis endlich Herr von Rodt in dem schwarzen Hintergrunde einer Höhle in einer Höhe von vielleicht 275 m über dem Meere uns auf einen winzig kleinen weifsen Punkt aufmerksam machte, aus dessen Bewegungen allein auf ein lebendes Wesen geschlossen werden durfte, das nichts anderes als eine Ziege sein konnte. Der einzige Chilene, welcher uns begleitete, schofs seine weittragende Büchse in der angegebenen Richtung ab. Donnerähnlich tönte das Echo zurück. Nach kurzer Zeit wurde es in der Höhle lebendig. Drei Ziegen sprangen mit bewunderungswürdig ruhigen und sicheren Bewegungen aus den schmalen Gängen hervor, um geschütztere Schlupfwinkel gegen die tödlichen Kugeln an dem oberen Teile der Felswand zu suchen.

Es war ein interessantes Schauspiel, die eleganten Sprünge dieser Tiere in der schwindelnden Höhe und an dem jähen Abgrunde zu ihren Füfsen zu verfolgen, da sie wie Katzen an dem nackten Gesteine hinaufkletterten, wo ein einziger Fehltritt ihnen gefährlich geworden wäre. Voran ging das gröfste der drei Tiere, dem Anscheine nach der Ziegenbock, braun gefärbt, mit weifsen Flecken; ihm folgte ein kleines, ganz junges Zicklein von schwarzer Farbe und den Beschlufs bildete eine braune Ziege, jedenfalls die Mutter, welche bei schwierigeren Stellen dem schwachen Zicklein als liebevolle Stütze diente. Ein jeder von uns erprobte seine Schiefsfertigkeit, ohne dafs jedoch ein einziger Schufs getroffen hätte.

Mittlerweile war das Meer unruhiger geworden, aber das wunderbare Blau blieb unverändert und liefs uns immer noch bis auf gröfsere Tiefe den Grund erkennen; die Steine und die vorbeischiefsenden Fische erschienen mit helleren Lichtern am Rande vergoldet. Eine stärkere Brandung schlug hier an die Küste, wie es an diesem Teile der Insel immer der Fall sein soll, und erinnerte uns daran, dafs wir an dem Ziele unserer Wünsche, in den Gewässern des Puerto ingles, angelangt waren, der von diesem Augenblicke an mit allem, was in seiner Nähe liegt, unser ganzes Denken und Empfinden aufs vollständigste in Anspruch nahm.

Die begeisterten Schilderungen der fünf Gefährten von Alexander Selkirk, welche von Dampier bei seiner schleunigen Flucht auf Juan Fernandez zurückgelassen worden waren, hatten ja den Schotten in solchem Grade entflammt, dafs er den festen Entschlufs fafste, auf dieser wunderbaren Insel zu leben, deren Schönheit ihn, wie er hoffte, für das Entbehren der menschlichen Gesellschaft reichlich entschädigen würde. Damals bedeckte der dichte Wald das Thal bis an den Meeressaum, so dafs der Seefahrer Sharp, dém unsicheren Ankergrunde des Hafens nicht trauend, sein Schiff an einen starken Baum der Küste anbinden konnte. Der Wald ist im Laufe der Zeiten aus der Ebene gänzlich verschwunden und schmückt nur an ihrer westlichen Seite noch den Fufs der sich steil aus dem Thale emporhebenden Berge, sie bis zur Spitze bekleidend. An seine Stelle ist der Berghafer getreten, dessen gleichmäfsige Ausbreitung und Höhe unverkennbar den Eindruck der vollkommensten Abgeschlossenheit machen, in welcher sich dieses Thal befindet. „In dem Robinsonthale, hatte uns am Morgen Herr von Rodt gesagt, werden Sie alles ebenso erblicken, als es zu Selkirk's Zeiten gewesen ist." Wie wir jetzt sahen, durfte dieser Ausspruch nicht ganz wörtlich genommen und mufste vielmehr auf den Anfang dieses Jahrhunderts zurückgeführt werden, seit welcher Zeit niemand aufser den Besuchern der Robinsons-Grotte dahingekommen ist. Auch „der letzte Robinson" hat während seiner nunmehr siebenjährigen Pachtfrist keinerlei Veränderungen hier herbeigeführt; ja er scheint den Wohnort seines berühmten Vorgängers kaum einmal besucht zu haben!

Bei der heftigen Brandung, welche die grofsen, runden Steine der Küste mit „brüllendem" Geräusch durcheinander wälzte, wurde uns klar, dafs das Landen keine einfache und leichte Sache sein würde, um so mehr, da Herr von Rodt und seine beiden Fischer eine gänzliche Ortsunkenntnis an den Tag legten. Wir waren also auf uns selbst angewiesen und mufsten aus Rücksicht auf eine Dame, welche uns begleitete und auf die delikaten photographischen Instrumente des Chilenen mit der gröfsten Vorsicht zu Werke gehen.

Der Puerto ingles beschreibt einen sehr flachen, kaum merklichen Bogen, so dafs er gänzlich offen ist und den Namen eines Hafens eigentlich nicht verdient. Wie der nachstehende Croquis andeutet, besteht er aus zwei ungleichen Teilen: a bis c und c bis b, welche durch einen

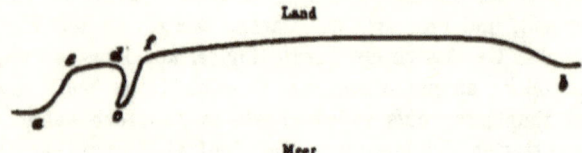

mächtigen, ungefähr 40 Schritt weit in das Meer hineinreichenden Felsen: $d\,c\,f$, voneinander geschieden werden. Dieser Felsen ist der letzte Ausläufer eines schmalen, aber hohen und ungewöhnlich steilen Berges, welcher den Beschlufs des grofsen Bergzuges Sal si puedes bildet, dessen ununterbrochene Kette bei a in der Felswand, auf der wir oben die drei Ziegen beobachtet hatten, aufhört. Seine Gestaltung ist äufserst merkwürdig, und zwingt uns der Umstand, dafs er in unserem Buche noch eine bedeutende Rolle spielen wird, einige Augenblicke länger hier zu verweilen.

Die Front des Berges $e\,d\,f$ zeigt eine feste, dunkelgefärbte Felsenmasse bis in eine Höhe von ungefähr 25 Meter vom Niveau des Meeres. Der eine Teil $e\,d$ fällt in einer ganz senkrechten Wand zum Strande ab, während der andere schmälere Teil $d\,f$ sich bis c hin als sanft abnehmender Vorsprung in das Meer hineinschiebt. Der Fufs dieses Vorsprunges ist bei $d\,f$ durch einen etwas manneshohen Hohlgang mit wunderlich zubehauener, sehr unregelmäfsiger Wölbung durchbrochen, so dafs die beiden Teile des Hafens am Strande eine hinreichend bequeme Verbindung miteinander haben. Die Abbildung zu Seite 42 macht den Strand des kleinen Hafens $a\,c$, den Hohlgang $d\,f$ und den ins Meer reichenden Felsenfufs $d\,c\,f$ zur Genüge anschaulich.

Oberhalb der Höhe von 25 Meter ist der ganze Berg mit sandigen Massen bedeckt, welche teils aus reinem losen, grauen Meeressande, teils aus einer Mischung von Lava mit Meeressand bestehen. Die letztere enthält steinige Gerölle von der mannigfaltigsten Gröfse, die sich mit der Hand leicht zu kleinen Körnchen zerreiben lassen. Vegetation hat sich hier nicht entwickeln können, aber an vielen Stellen ragen aus dem Sande bald in gröfserer, bald in geringerer Erhebung über die Bergoberfläche dunkle Felsenköpfe heraus, welche stark verwittert sind und bei blofser Berührung zu zerbröckeln anfangen. Der nach dem Robinsonthale abfallende Abhang dieses Berges trägt auf dem dem Meere näheren Teile denselben losen Sand, wie ihn die vordere Seite aufweist, während er nach dem Innern des Thales zu von einer harten Erde bekleidet ist, auf der die üppigste Teatina wächst.

Der ganze Strand des Hafens wird von a an bis b, wo der Cerro alto beginnt, von den schon erwähnten grofsen, runden Steinen bedeckt, welche im kleinen Abschnitt ac flach ausgestreut liegen, aber im gröfseren Abschnitt cb eine Art Steinmauer bilden, die nicht unbedeutend dick und hoch ist und unserer Ansicht nach mehr als die Steine des kleinen Hafens das Landen erschweren mufsten. Wir entschieden uns daher dazu, an dem letzteren unsere ersten Landungsversuche zu machen, obgleich die Brandung von a bis d hin noch ebenso stark als vorher toste. Merkwürdigerweise entging es unserer aller Aufmerksamkeit, dafs der ins Meer hineinreichende Felsen dc an seiner Spitze c ganz ruhig vom Wasser bespült wurde und hier das Aussteigen demgemäfs ohne irgend welche Schwierigkeit hätte bewerkstelligt werden können.

Der mitgenommene Anker wurde ins Meer gelassen und das Boot langsam nach dem Strande zu gerudert. Allein sobald es in den Bereich der Brandung gelangte, erkannten wir bald, dafs es entweder zerschellen oder umgeworfen werden würde. Wir mufsten wieder zurückrudern und blieben einige Zeit vor Anker liegen, wartend, ob das Meer sich beruhigen würde. Als dies nicht geschah, wurde der Anker in die Höhe gehoben und das Boot nach der Mitte des gröfseren Abschnittes des Hafens gesteuert, in welchem wir an irgend einer Stelle, und sei sie noch so klein, eine Unterbrechung des hohen Steinwalles zu entdecken hofften, wo wir ohne grofse Gefahr das Boot auf den Sand des Strandes hätten auflaufen lassen können.

Während meine Gefährten die nötigen Rekognoscierungen anstellten, benützte ich die Zeit, um das dahinterliegende Thal genauer anzusehen und kleine Skizzen der Grotte zu entwerfen, welche leider verloren gegangen sind. Wie schon bemerkt wurde, schaut die wenige Schritte vom Strande entfernte Grotte heutigen Tages nach der gänzlichen Ausrottung der Bäume des Thales frei nach dem Meere zu. Dahinter beginnt die Ebene sanft anzusteigen. Sie ist durchweg von der Teatina bedeckt, welche hier bei dem aufserordentlich fruchtbaren Boden eine kolossale Höhe erreicht und wie ein goldenes Ährenfeld unter dem leichten Hauche des Windes sich bewegte. An der breiteren Vertiefung des Erdreiches und der saftig grünen Farbe der medicinischen Kräuter, der Zarzaparilla und der Yerba buena, welche üppig wuchern und die Höhe des Berghafers fast erreichen, läfst sich der Lauf des Bächleins deutlich verfolgen, der an der rechten Seite des hinten in einem spitzen Winkel zulaufenden Thales beginnt und nach vorne zu allmählich der linken Hälfte des Thales zufliefst.

Eine besondere Aufmerksamkeit erweckt der in ziemlich gleicher Breite sich an den Fufs der westlichen Bergseite anlehnende Wald, wovon wir gleichfalls eine Abbildung zu liefern imstande sind und der mir eine Eigentümlichkeit von Juan Fernandez vor Augen führte, die ich nachher an vielen Stellen wiederholt sah. Nämlich die Baumstämme erheben sich ohne jegliches Unterholz und nicht von Schlingpflanzen umrankt, wie solche in den Urwäldern des Südens von Chile überall wachsen, kräftig und gerade bis zu beträchtlicher Höhe. Oben bilden die schirmähnlichen Kronen ein dichtes, für die Sonne meistens undurchdringliches Laubdach, welches, in mäfsiger Entfernung betrachtet, auf den Beschauer einen wunderbaren, harmonischen Eindruck macht, weil die Berge ohne Ausnahme in gleichmäfsiger, mehr oder weniger senkrechter Linie, weder durch Terrassen, noch durch Hügel, noch durch irgendwelche Unebenheiten unterbrochen, ins Thal hinabfallen. Frei und ungehindert mufs man unter den Bäumen einhergehen können, die Stämme wie ein riesiges Treppengeländer benutzend, und wird dadurch das Auf- und Absteigen der steilen Bergwände zu einem ungefährlichen Vergnügen. Um sich eine recht klare Vorstellung von den Wäldern von Mas a tierra zu machen, die so ganz verschiedene Gestaltung von den europäischen aufweisen, so denke man sich, dafs eine zahlreiche Menschenmenge aus irgend einem Grunde sich auf einem Platze versammelt hat und jeder Teilnehmer seinen Regenschirm in gleicher Höhe mit den Nachbarn über sich ausgespannt hält, ohne dafs der eine über den andern merklich emporragt; wenn man nun dies Schauspiel auf den stark ansteigenden Abhang eines Berges von Juan Fernandez versetzt, gewinnt man ein richtiges Bild von dem Walde auf der Insel. Dessen Baumgipfel um das Robinsonthal herum tragen samt und sonders eine gleichförmige dunkelgrüne Farbe, nicht jene mannigfaltige Färbung des Blätterschmuckes der europäischen Wälder, welche die Schönheit derselben durch die wirkungsvollen Kontraste der Farben erhöht.

Aber keineswegs machen die hiesigen Wälder deshalb einen monotonen Eindruck; das dunkle Braun der nackten Felsgesteine, das frische, immerwährende und immer vom Regen benetzte Grün der Bäume, das helle Grau der Stämme, das goldige Gelb der Teatina, das gesättigte Grün der Kräuter, das tiefe Blau des Meeres — sie alle bewirken effektvolle und lebhafte Gegensätze. Was aber den Wäldern der Insel ihren höchsten Reiz, ihren wohlverdienten Weltruf verleiht, das versteht man erst dann, wenn man unter ihrem Schattendache selbst gewandelt ist,

Tafel 7.

zu Seite 74.

Die westliche Waldseite des Robinsonthales auf Juan Fernandez.

den von ihm geschützten wunderbaren Pflanzenreichtum, der aus der Ferne nicht sichtbar ist, angestaunt und die von ihm nicht verdeckten bezaubernden Fernsichten auf Insel und Meer persönlich gesehen hat!

Die Gelehrten unseres Bootes hatten sich über den Landungsversuch noch nicht geeinigt, da nirgends eine sandige Stelle am Ufer zu erkennen war, so daſs es schien, als müſsten wir unverrichteter Sache nach der Cumberland-Bai zurückkehren. Um der einschläfernden Situation ein Ende zu machen, faſste unser junger Freund T..... einen kräftigen Entschluſs. Er entledigte sich der unentbehrlichen Kleidungsstücke, sprang in das laue Meer und schwamm nach der Küste hin, von wo aus er durch ein zugeworfenes Tau das Boot an den Strand heranziehen und festhalten wollte, damit wir durch Springen den Steinwall erreichen könnten. Glücklich gelangte der kühne Schwimmer bis an die Brandung, aber heftig schleuderte sie ihn gegen die mächtigen Steine. Wie ein Spielball der anprallenden Schaumwellen wurde er bald nach oben, bald nach unten gerissen. Das Schicksal war ihm jedoch günstig; nach verschiedenen miſsglückten Versuchen hatte er den Steinwall ohne Unfall betreten, wofür ihn allgemeiner Beifall belohnte. Das Tau, um das Boot heranzuziehen, wurde ihm zugeworfen; allein als das letztere in den Bereich der Brandung kam, waren seine Bewegungen so heftig, daſs keiner von uns einen Sprung nach der Küste wagen wollte. Herr von Rodt, der das Zerschellen seines Bootes jeden Augenblick befürchtete, erklärte mit vollster Bestimmtheit, daſs er sich allen ferneren Landungsversuchen widersetzen und auf die Heimfahrt dringen müſste, da wir auſserdem die Grotte, wo Selkirk sich aufgehalten, aus der Ferne wenigstens zur Genüge gesehen hätten.

Darauf konnten wir selbstverständlich nicht eingehen. Wir muſsten unsern Landsmann wieder ins Boot aufnehmen; denn ohne Kleidung, ohne Schuhe, ohne Lebensmittel durfte er unmöglich hier die Nacht zubringen, denn das „Robinson spielen" war in seiner Lage eine zu ernste und für uns verantwortliche Sache. Ohne irgendwelche fernere Rücksicht auf den Pächter der Insel hieſsen wir nunmehr die Fischer nochmals nach der kleinen Bucht des Hafens rudern und das Boot soviel als möglich der Küste nähern, um zum letztenmale hier den Versuch zu machen, von dem vorderen Teile des Bootes durch einen gewagten Sprung das Land zu gewinnen. Unser Chilene erbot sich aus patriotischem Gefühle als erster dazu, war aber nicht imstande, sein Vorhaben auszuführen, weil die Brandung das Boot, das durch die Fischer kräftig nach vorn getrieben worden war, wohl hoch genug über den steinigen Strand emporhob, aber es ebenso schnell wieder tief hinunterriſs. Das Boot muſste also vom Strande aus festgehalten werden. Der eine der beiden Fischer war dazu sofort bereit, zog sich aus und erreichte schwimmend das Land. Seinem starken Arme gelang es, das Boot dergestalt festzuhalten, daſs wir, einen geeigneten Moment erfassend, den Sprung ohne grofse Gefahr machen konnten. Zuerst that ihn der Chilene, ein junger Mann aus den besten Familien Santiago's, L...., der mit mir gemeinschaftlich den Rückweg nach der Cumberland-Bai über die Berge zurücklegen wollte. Ihm folgte ich als zweiter.

Die Felsenwände der kleinen Bucht, welche bisher als einfache, senkrechte Flächen erschienen waren, überraschten uns durch die veränderte Gestaltung, die sie jetzt von dem festen Lande aus betrachtet hatten. Drei der Seitenwände wölbten sich in hohen, kühn geschwungenen Bogen zu einer dunklen Grotte, die zur Rast einlud. Die Abbildung zu Seite 42 zeigt einen Teil derselben und den steinigen Strand; am nächsten Morgen hatten nämlich ein paar Familien zu Boot einen Ausflug hierher unternommen, um an dieser Stelle den Maipo zu erwarten.

Unser Freund T.... war unterdessen herangekommen und empfing mit Freuden meinen Überzieher als Schutz gegen die Kälte, welche er in der kühlen Grotte nach seinem freiwilligen Bade empfindlich verspürte. Die andern Gefährten hatten keine Lust, ans Land zu springen und warteten lieber, bis ein Boot, das von der Seeseite auf uns zuruderte und in welchem sich der Kapitän Stewart und einige ältere Engländer befanden, in der Nähe wäre und der Rat des erprobten Seemannes über den besten Ort der Landung eingeholt sein würde. Nach kurzer Rekognoscierung des ganzen Hafens, den er zum erstenmale in seinem Leben besuchte, hatte der Kapitän, wie wir nachher erfuhren, sofort den einzig möglichen und von der Natur selbst angewiesenen Anlegeplatz entdeckt, jenen sanft geneigten, weit aufserhalb der Brandung in das Meer hineinragenden Felsenvorsprung, an welchen das Aussteigen ohne irgendwelche Beschwerde ausgeführt werden konnte.

Die Entwicklung der Dinge ruhig abzuwarten, hatte ich keine Ruhe gehabt und war allein nach der Robinson-Grotte gegangen, die ich als erster von den Passagieren unserer Expedition betrat! Aus der kleinen Bucht führt ein festgetretener, schmaler Fufspfad zu der Grotte hin, den auch heute noch die zu beiden Seiten wuchernden Pflanzen freigelassen haben. Vor derselben deutete die braune Humusfarbe des Erdreiches in einem Umkreis von 15 bis 20 Schritt darauf hin, dafs in früheren Zeiten diese Stelle sorgfältig angebaut gewesen sein mufste, was also mit der verbürgten Notiz übereinstimmt, wonach Selkirk daselbst seine Küchengewächse gezogen habe.

Roh zubehauene Bretter schliefsen die Öffnung der natürlichen Höhle, in welche durch den engen Thürraum nur spärliches Licht hineindringt.

Ein unheimliches Gefühl beschlich mich in dem düstern Raume, und ich konnte mich des Gedankens nicht erwehren, als müsse der Einsiedler jeden Augenblick erscheinen und mich wegen des unbefugten Eindringens in sein Heiligtum zur Rechenschaft ziehen. Ich eilte wieder hinaus in den warmen Sonnenschein, um erst später mit den übrigen Gefährten zusammen das Innere der Grotte eingehender zu erforschen.

Das ganze Thal bedeckt der Berghafer jetzt bis an den Wald heran; seine dünnen, aber kräftigen Halme überragen den Menschen an Gröfse und geben ein Zeugnis von einer Widerstandsfähigkeit ab, welche bei andern stärker gebauten Pflanzen wohl schwerlich zum zweitenmal gefunden wird. Das ganze Jahr hindurch wächst er in den Thälern und auf den Bergrücken, ohne dafs weder der Winter ihn tötet, noch die heftigen Windstürme ihn niederdrücken, noch die Glut der Sonne ihn verdorrt und sogar, ohne dafs die Herden der Ziegen, deren liebstes Futter er bildet, die geringste Lücke in ihm hinterlassen. Die grofse Ausdehnung des Terrains, welches die Teatina auf den vorspringenden Teilen der Insel für sich erobert hat, geben dieser von der Ferne her jene gelbliche Farbe, die das Auge täuscht und sie als ein verlassenes und trauriges Land darstellt. Aber sobald man diese scheinbar öden Stellen betritt, findet man frische Gräser von goldener Farbe, deren weicher Teppich zur Ruhe einladet. Der Geist verliert sich in der Einsamkeit, und man empfindet den unaussprechlichen Genufs, den der freiwillige Einsiedler von Juan Fernandez fühlen mufste, wenn er auf dem Grase ausgestreckt das unermefsliche Meer und die launisch geformten Berge betrachtete, die reine Luft der Höhen einatmete und sich als unumschränkten Herrn dieses köstlichen Paradieses ansah!

Neben der Grotte und an deren Gestein sich anlehnend, befindet sich eine aus Zweigen von Bäumen verfertigte kleine Hütte, welche, wenn sie nicht der Selkirk'schen, sondern einer späteren Zeit angehören sollte, doch wenigstens die Stelle bezeichnet, wo der berühmte Schotte sein Wohn- und Schlafzimmer errichtet und in denen er eine verhältnismäfsig glückliche Zeit zugebracht hatte. Sicherlich konnte er auf der Insel, nachdem er sich mit der Einsamkeit ausgesöhnt hatte, glücklich und zufrieden leben. Die Sorgen des Lebens vermochten an dem von der heftigen Brandung umtobten Felsen von Juan Fernandez nicht zu landen; die Gehässigkeiten und Schlechtigkeiten der Menschen verspürten keine Lust, auf der einsamen Insel sich niederzulassen, wo es an Feld für ihre Thätigkeit mangelte. Dagegen versorgte die Mutter Natur aus ihrem reichen Füllhorne mit liebender Pflege den vertrauensvoll in ihre Arme geflüchteten Sohn; hier ruhten seine Leidenschaften, hier atmete er nur

Reinheit und Sittlichkeit, hier verflossen seine Tage in raschem Schwunge, ohne dafs Überdrufs oder Langeweile sich jemals seiner bemächtigt hätten!

Unsere Gefährten waren nun herangekommen, und wir betraten zusammen mit den älteren Engländern die Robinson-Grotte. Nachdem alles in Augenschein genommen worden war, forderte uns der Photograph auf, draufsen eine Gruppe zu bilden, um die Grotte in malerischer Verteilung der Besucher zu photographieren. Leider ist es mir nicht möglich geworden, einen Abzug dieser Photographie zu erlangen.

Praktischere Leute als wir, hatten sich die Engländer mit Nahrungsmitteln aufs reichhaltigste versorgt und verteilten in ihrer Liebenswürdigkeit unter alle ihre Schätze, welche uns nach den aufregenden letzten Stunden vortrefflich mundeten. Hier stiefsen zwei Herren zu uns, welche in Begleitung eines Fischers als Führer den Weg von der Cumberland-Bai aus zu Lande zurückgelegt hatten und nun in einem der Böte zurückfahren wollten: es waren der Corresponsal der gelesensten Zeitung Valparaiso's, C., und der unerschrockene chilenische Bergsteiger F. V., welcher den Yunque zu besteigen die Absicht und Lust hatte, wenn wir einen Tag mehr auf der Insel verweilt hätten. Die Möglichkeit, die Robinson-Grotte auf dem Landwege zu erreichen, war also durch die That bewiesen, wenngleich die beiden Herren erklärten, dafs sie o h n e die Leitung des bewährten Führers die halsbrecherische Übersteigung des Bergzuges von Sal si puedes nicht gemacht hätten.

Mein Freund L.... und ich versicherten uns sofort des Führers, der, wie alle Inselbewohner, von seinem Hunde begleitet war. Ehe wir aber mit ihm aufbrachen, wollten wir vorher die gesamte Gesellschaft nach dem Hintergrunde des Robinson-Thales begleiten, um es wenigstens oberflächlich kennen zu lernen.

Wie schon bemerkt, wächst in dem Thale nichts als die Teatina, deren Halme an der Spitze ähnliche Früchte wie die des Hafers trugen, während aus der Wurzel zur selben Zeit frische Triebe emporschossen. An dem Bache machten wir für einige Augenblicke Halt, tranken das klare Wasser, das einen sehr guten Geschmack besitzt, und kehrten zu unserem Führer zurück, der grofse Eile nach Hause zu kommen hatte, um das auf den Abhängen in der Nähe der Wohnung weidende Vieh nach der Einfriedigung, wo es die Nacht zubringt, zu treiben, ehe es sich nach den entfernteren Höhen verstreue, von denen es mit Mühe wieder eingefangen werden könne.

Schon waren wir einige Schritte gegangen, als L. bemerkte, dafs seine Büchse ungeladen sei und die betreffende Munition von einem der Fischer, welche die Gerätschaften und Mundvorräte für die Mitglieder der Expedition nach dem Hintergrunde des Robinson-Thales trugen, mitgenommen worden sei. Da auf unserem Wege sich leicht Gelegenheit zum Schießen bieten dürfte, wurde der Führer abgeschickt, die Kugeln zu holen. Leider kam er unverrichteter Sache zurück, was um so mehr zu bedauern war, als gerade jetzt ein Kolibri in größter Nähe an uns vorüberflog, und zwar ein Weibchen, an seiner olivengrünen Farbe kenntlich. Im ersten Augenblicke hatten wir ihn für einen Schmetterling gehalten und ist ja der Kolibri wirklich eine Art gefiederten Schmetterlinges. Brehm sagt in seinem Tierleben sehr schön und zutreffend: „Gould hatte Mühe, einen Herrn zu überzeugen, daß er den Karpfenschwanz und nicht Kolibris in England hatte fliegen sehen. Bates versichert, daß er mehr als einmal einen Schmetterling anstatt eines Kolibri vom Baume herabgeschossen habe; denn die Art und Weise zu fliegen, sich vor Blüten aufzuhängen, ähnelt sich bei beiden ebenso wie ihre Gestalt."

Freund L. mit seiner Flinte ohne Munition war außer sich vor Wut, als auch noch mehrere Kolibris bei uns vorbeischossen, und zog mit großer Heftigkeit gegen den armen Führer los, der die Karawane ohne seine Schuld nicht mehr hatte auffinden können. Verschiedene Male mußte ich begütigend dazwischentreten, da es schien, daß die Worte bei dem leicht aufwallenden Charakter des chilenischen Volkes zu Thätlichkeiten führen würden, welche auf unserem gefährlichen Wege für einen oder beide Teile mit dem Tode hätten enden müssen.

Über die Richtung unseres Weges war ich noch nicht zur Klarheit gelangt, weil sämtliche Abhänge der östlichen Seite des Robinsonthales in fast gleicher Steilheit herabfielen; am wenigsten hatten wir den an der Grotte sich erhebenden Küstenberg für geeignet gehalten, auf ihm nach der Cumberland-Bai zurückzukehren, weil er sich am meisten von allen der senkrechten Linie näherte und der einzige von Wäldern entblößte war. Wir erstaunten daher über die Maßen, als der Führer auf unsere Anfrage nach dem einzuschlagenden Wege gerade auf denjenigen hinwies, den wir von vornherein für den unmöglichsten bezeichnet hatten. Nachdem wir aber später auf der obersten Stelle angelangt waren, mußten wir die Auswahl des Weges an den Küstenbergen hinauf in jeder Beziehung billigen, da nämlich die andern das Robinson-Thal begrenzenden Berge nur in ihrer unteren Hälfte bequemer zu erklimmen zu sein scheinen, während sie in der oberen Hälfte vollständig unwegsam und für den menschlichen Fuß nicht zu besteigen sind.

Nach den verbürgten Nachrichten von Kapitän Rogers existiert kein Zweifel mehr, daß Selkirk auf seinen täglichen Spaziergängen nach dem Lookout denselben Weg an der Küste benutzt hat, trotzdem er der längere ist. Wenn er auch an wenigen Stellen, wo seit undenklichen Zeiten das Gras seinen dichten Teppich ausgebreitet hat, unsichtbar geworden ist, so liegt er doch im allgemeinen wie ein offenes Buch vor dem mutigen Besteiger ausgebreitet und erzählt mit unumstöfslicher Wahrheit, dafs auf demselben ein Mann regelmäfsig für einige Jahre gewandelt sein mufs, bis die anfangs schwachen Fufsspuren in einen ausgetretenen Weg sich verwandelt haben. Sonst führt nämlich von diesem Thale aus kein sichtbarer Pfad an keiner einzigen Bergwand empor, wie unser Führer, der auf der Insel geboren ist und eine genaue Kenntnis der sämtlichen Teile besitzt, uns versicherte. Sollte jemand doch vielleicht gegen die Richtigkeit dieser Behauptung ein Bedenken erheben, so bemerke ich noch zum Schlufs, dafs der von der Robinson-Grotte ausgehende und ausgetretene Weg ebenso deutlich von dem Gipfel dieses Berges aus in der Richtung nach dem Lookout weiter führt, wie wir selbst ihn eine bedeutende Strecke lang sehen konnten und was der Fischer bekräftigte. Auf niemanden als auf Selkirk ist dieser Weg zurückzuleiten, da schwerlich ein vorübergehend nach diesem Thale ausgesetzter Sträfling Lust verspürt hat, öfters diesen ermüdenden und für einen selbst rüstigen Fufsgänger allzubeschwerlichen Weg zu seinem Privatvergnügen zu machen, und da andere Bewohner dies abgeschlossene Thal nicht besessen haben. Freilich werden wir auf der westlichen Seite des Thales der Cumberland-Bai einen noch bequemeren und vor allem breiteren Weg vorfinden, der die Spuren der menschlichen Arbeit und eine planmäfsige, überlegte Anlage im Gegensatz zu den willkürlichen Windungen des von Selkirk benutzten Pfades an der Stirn trägt und der auf der Höhe der Berge des Robinson-Thales sein Ende erreicht. Diesen haben die Gouverneure der Insel ausgraben lassen, um das Herabschaffen der gefällten Baumstämme zu erleichtern. Nach dem Lookout von dem bewohnten Teile aus auf diesem Wege hier zu gehen, konnte niemandem einfallen, weil er dreimal so lang ist als der, welcher direkt aus dem Thale der Cumberland-Bai nach dem Aussichtspunkte führt, der damals einzig und allein für Selkirk ein Interesse hatte. Diese längeren Auseinandersetzungen waren notwendig, um allen Unklarheiten über die Geschichte des Einsiedlers von Juan Fernandez vorzubeugen, und kehre ich nunmehr wieder zu unseren eigenen Erlebnissen zurück.

Voran schritt der Führer mit seinem unermüdlichen Hunde, der in beneidenswerter Sicherheit dahintrabte; ihm folgte ich und zuletzt L..., sich der Flinte als Stock bedienend. Gleich der Anfang des Marsches weihte uns in die Beschwerden, die unserer harrten, recht gründlich ein, da in dem feinen Sande des steilen Hügels, welcher die kleine Bucht des Puerto ingles bildet, der Fufs tief einsank und jeden Halt verlor, so dafs das Emporkommen nur mit Aufbietung aller Kräfte zu ermöglichen war. Auch die aus dem Sande hervorragenden Felsenköpfe vermehren die Schwierigkeiten des Steigens, weil man in der so stark nachgebenden Erdmasse einen sicheren Stützpunkt für die Füfse an ihnen zu haben vermeint und im selben Augenblicke, wo man darauf tritt, unangenehm enttäuscht, findet, dafs sie auseinanderbröckeln und keinen Halt gewähren.

Endlich erreichten wir die Spitze dieses Hügels und stiegen auf der anderen Seite in das enge Thal hinab, hinter welchem bereits die eigentlichen Bergzüge von Sal si puedes beginnen, und indem wir wiederum einige Kolibris antrafen, welche die üppigen Pflanzen umschwirrten. An der sich vor uns auftürmenden Bergwand, welche bei ihrer Steilheit bis fast auf den Gipfel sichtbar war und deren blofser Anblick uns Entsetzen einflöfste, führte der ausgetretene Weg Selkirk's zuerst in sanfter Steigung bis ganz nach vorn an den jäh sich ins Meer stürzenden Felsenabhang, an dessen oberem Teile wir vom Boote aus die Ziegenfamilie beobachtet hatten. Hier machten wir einen Augenblick Halt, teils um den ersten weiten Fernblick auf das blaue Meer und das gesamte Robinson-Thal nach Herzenslust zu geniefsen, teils um Kräfte für den bevorstehenden Weg zu sammeln.

Dieser nämlich folgte zuerst eine Strecke lang in gerader Richtung der scharfen Kante des Abhanges und strebte dann in ebenso grader Richtung dem Gipfel dieses Berges zu, ohne irgendwelche Zickzacklinien zu benutzen. Man sieht auf dieser Seite überall mit vollster Deutlichkeit, dafs dieser Pfad von einem Menschen gewählt worden war, der die Schönheiten der Insel, weil sie für ihn eine wichtige Unterhaltung und Abwechslung in seiner Einsamkeit bildeten, jeden Tag aufs neue auskosten wollte und für den die kolossalen Schwierigkeiten des Terrains nur ein fröhliches Spiel waren, weil er sich in täglicher Leibesübung daran gewöhnt hatte. Die Macht der Gewohnheit hatte seinen Fufs gestählt, sein Auge gegen die Abschüssigkeit des Bodens gefestigt und seinen Geist aus den Banden des anfangs schwachen Körpers befreit, bis er endlich daselbst wie auf ebener Erde einherschritt, wo sonst nur die keine Gefahr kennende Ziege sich hinwagt.

Doch zwischen der Verfolgung eines Weges mit dem Auge vom sicheren Sitzpunkte aus und dem Betreten desselben liegt ein enormer Unterschied. Schon hier empfanden wir es schmerzlich, weder Lebensmittel, noch einen Trunk mitgenommen zu haben, da wir erst nach Stunden das jenseitige Thal würden erreichen können. In unserer Begeisterung hatten wir an nichts anderes als an schnellen Aufbruch gedacht, um die reine Luft der Höhen zu atmen und jene berühmten Wälder von Juan Fernandez zu schauen, welche in ihrer ursprünglichen Schönheit nur fern von der Cumberland-Bai anzutreffen sind.

Gegen 3 Uhr nachmittags mochte es sein, als wir, durch die kurze

Ruhe gekräftigt, und bei dem herrlichsten Sonnenscheine, den der wolkenlose Himmel auf uns herabstrahlte, von dem Lagerpunkte aufbrachen. Wie bereits bemerkt wurde, zeichnet sich dieser Bergabhang durch ganz besondere Steilheit aus, so daſs der Winkel, welchen der hinaufsteigende Körper mit demselben bildet, ein auſserordentlich spitzer ist. Das geringste Straucheln oder Ausgleiten muſste uns notwendig nach unten schleudern. Längere Zeit verging, bis wir imstande waren, uns vollständig nach dem Abgrunde hin herumzudrehen und ohne Anwandelung von Schwindel die zurückgelegte Strecke und das unermeſsliche Panorama um uns zu überblicken, da wir es anfangs nur wagten, zwischen Körper und Arm hindurch nach unten zu sehen.

Dem Führer wurde es mitunter recht schwer, uns Mut, den Weg unter solchen Umständen fortzusetzen, einzuflöſsen. Dazu prallten die heiſsen Glutstrahlen der Sonne an dem harten Boden wie an einer Wand ab und vermehrten die groſse Hitze, so daſs wir öfters nur ein paar Schritte vorwärts steigen und dann schon wieder ausruhen muſsten, welche Rast dem Körper nur eine schwache Erleichterung gewährte, da wir auch in diesem unbeweglichen Zustande die Muskeln anzustrengen hatten, um nicht nach unten zu rutschen. Der üppige Berghafer und eine weithin auf dem Erdboden hinkriechende Schlingpflanze, welche hier häufig wuchs, hatten mit ihren trockenen Blättern die Sohlen der Stiefeln in kurzer Frist aufs unangenehmste geglättet und uns dem barfuſs laufenden Führer gegenüber in gewaltigen Nachteil gebracht, dessen bloſse Zehen sich sicher auf dem Boden festhielten. Verschiedene Male stürzten wir in ganzer Leibeslänge auf die Erde hin, ohne uns zum Glück weder Schaden zu thun, noch ins Rollen zu kommen. Öfters muſsten wir auf Händen und Füſsen kriechen, aber vorsichtig die nur oberflächlich eingewurzelten Pflanzen oder die zu schwachen Zweige der Sträucher anfassen, um nicht unsere Lage zu verschlimmern.

Die erste Besteigung dieses Bergabhanges wird auch dem Selkirk unsägliche Anstrengung gekostet haben; aber die Verzweiflung, sich plötzlich abgeschlossen von aller Welt auf dieser einsamen Insel zu sehen, muſste ihm Flügel verleihen. Auf dem ganzen Wege nach oben hinderte ihn kein Baum, keine einzige Unebenheit des Terrains, das fortsegelnde Schiff mit den Augen der Sehnsucht zu verfolgen, bis es am Horizonte verschwunden war. Deshalb gerade wählte er den der Küste nächsten Berg, achtete nicht der Schwierigkeiten des Bodens, stürmte auf der geradesten Linie nach oben, um von dem Gipfel des Berges aus dem Schiffe solange als möglich nachblicken zu können. Die einmal gegangene Strecke ging er auch am nächsten Tage und wurde ihm jeden folgenden Tag lieber, bis sie ihm zum gewohnten Pfade geworden war, den er

nicht mehr wechselte und den seine Füfse endlich in den harten Boden
für die Nachwelt unverkennbar eingruben. Der Seemann, dessen Handwerk es gewesen war, auf dem vom Sturm umhergeworfenen Schiffe den
Mast in die Höhe zu klettern, konnte mit der gröfsten Sicherheit und
Geschwindigkeit auf dem festen Lande diese steile Bergwand erklimmen,
deren Besteigung für uns, deren Lebensweg von solchen Übungen fern
ablag, ein wirklich gewagtes Unternehmen war.

In seinem gröfsten Teile hatten wir den Boden dieses Berges bisher
hart gefunden, besonders am Anfange, wo die aus der Verwitterung der
Felsen entstandene Erdschicht nur eine geringe Dicke erreichte und nichts
als einige kümmerliche Pflänzchen der Teatina ernährte. Weiter nach
oben entwickelte sich eine kräftigere, wenn auch nicht hochtreibende
Vegetation, welche die heifsen Strahlen der Sonne niemals auszutrocknen
vermögen, weil auch im Sommer selten ein Tag ohne Regen vergeht.
Auf dieser westlichen Hälfte von Juan Fernandez giebt es keine kahlen
Stellen, aufser da, wo die nackten Felsen in die Luft starren, oder wo
der tiefe, lose Lavasand das Aufgehen des Samens unmöglich macht.

Trotz des mühevollen Aufsteigens von nahezu 300 m über dem
Meeresspiegel, trotz der Entbehrung eines erfrischenden Trunkes, trotz
der immer noch brennenden Sonnenstrahlen hatte unser Geist nicht das
Mindeste von seiner Spannkraft verloren und konnten wir daher das entzückende Panorama zu unseren Füfsen sehen und über uns in vollstem
Mafse bewundern, und begreifen, dafs Selkirk hier glücklicher als in dem
Rausche der Welt sein mufste. Juan Fernandez entzückt und fesselt
alle Leute, welche dort gewesen sind, gerade durch seine einfache und
doch so harmonische Scenerie. Man findet daselbst nicht die Farbenpracht der Tropen in Gewächsen, in Tieren, in Naturerscheinungen; aber
man wird auch nicht belästigt durch wilde oder giftige Tiere, erschlafft
nicht unter der Gluthitze der Sonne, wird nicht bedroht durch tückische
Fieber feuchter Ebenen, nicht zu Tode gequält durch die Bisse der Mosquitos und sonstigen Quälgeister, nicht gehetzt durch die Schrecken der
alles zerstörenden Erdbeben, nicht verfolgt durch böswillige Eingeborene
u. s. w. Wohl staunt man auf Juan Fernandez keine gewaltigen
Schöpfungen des menschlichen Geistes in Kunst, Wissenschaft und im
praktischen Verkehrsleben an; die Errungenschaften der staatlichen Vereinigung der Menschen bewundert und den Flügelschlag des rastlos fortschreitenden Zeitgottes vernimmt man hier nicht; aber dafür ist man
hier auch befreit von allen Belästigungen, welche das dichtgedrängte Zusammenleben der Menschen in seinem Gefolge führt. Auf dieser Insel
thront einzig und allein die Natur in ihrer Urwüchsigkeit, ohne dafs die
Jahre sie merklich verändern, ohne dafs die Moden sie verwandeln, ohne

dafs die Leidenschaften der Menschen sie durchwühlen! — Ruhig und sicher liegt man hier im duftenden Grase: Alles atmet Frieden, Stille, Seligkeit! Nichts stört die erhabene Einsamkeit, als das ferne Rauschen des Meeres!

Aber auch der leibliche Mensch ist hier im Vorteil durch die Reinheit der Luft, die weder durch Staub, noch durch Kohlendunst, noch durch pestilenzialische Ausdünstungen der Niederungen und der grofsen Städte verschlechtert wird; durch das klare Wasser der Bäche, welches die Kunst der Ärzte entbehrlich macht und das Leben deshalb verlängert; durch die Fruchtbarkeit des Bodens, welcher nur das Beste ohne Mühe für den Bebauer hervorbringt; durch den Reichtum des warmen Meeres; durch die Gleichmäfsigkeit und abgemessene Feuchtigkeit des Klimas! Wo finden wir eine ähnliche Fülle der Güter sonst auf der Erde vereinigt und handgreiflich naheliegend?

Schwer errungen war dieser erste Ruheplatz, aber ebenso belohnend das, was er uns geboten hatte. Die Furcht, nach unten zu sehen, hatten wir nunmehr vollständig überwunden und wurden nicht müde, das vor uns ausgebreitete Panorama solange als möglich zu geniefsen. Allerdings kamen wir zur Verzweiflung des Führers auf diese Weise nur langsam vorwärts. Da, wo der Berg den nach dem Meere zu abfallenden Felsenabhang an Höhe überragte, hatte Selkirk selbstverständlicherweise den Weg direkt nach der Spitze desselben eingeschlagen, die nach unserer Schätzung ungefähr 730 m hoch sein mufste, und welche je weiter nach oben, umsomehr die nackten Felsengesteine, aus denen sie besteht, erkennen liefs. Als wir auf derselben angelangt waren, fanden wir eine Spitze in des Wortes schärfster Bedeutung vor, wie sie eben nur auf Mas a tierra auftreten. Jenseits fiel der Berg in noch steilerem Abhange als auf unserer Seite zu einem vollständig bewaldeten Thale ab; rechts nach dem Yunque zu zog sich eine Reihe von Bergen hin, die zum gröfsten Teile mit Wald bedeckt waren und durch welche der Weg nach dem Lookout eine bedeutende Strecke sichtbar war.

Für eine kurze Zeit machten wir hier Halt, um auszuruhen. Die Fernsicht von diesem Punkte aus ist wirklich erhaben; aufser dem Puerto ingles und dem darangrenzenden Thale mit seinen Bergen umfafst sie auch einen Teil der Cumberland-Bai, deren dahinterliegende Berghänge und den Yunque in seiner ganzen Majestät. Plötzlich umwölkte sich dessen Haupt, und wir sehnten uns nach dem Regen, der, wie der Führer meinte, mit Sicherheit bald nachfolgen würde, weil wir hofften, dafs er uns zur Verfolgung des Weges frische Kräfte verleihen müfste, deren wir nach dem beschwerlichen Aufsteigen und dem Mangel an Wasser sehr bedurften. Der Regen liefs auch wirklich nicht lange auf sich warten, beschränkte sich aber diesmal, wie wir nachher erfuhren, ausschliefslich auf die Höhen der Berge, während die Thäler vollständig davon verschont blieben. Mit mäfsiger Heftigkeit fiel er nieder und dauerte etwa eine Viertelstunde, wonach die Sonne wieder freundlich durchblickte und die Wolken in die Flucht trieb.

Kaum hatten wir die Spitze des Berges verlassen, als sich der Pfad teilte. Geradeaus führte der Weg, auf welchem Selkirk nach dem Lookout zu gehen pflegte, und links derjenige nach der Cumberland-Bai durch einen der herrlichsten Wälder auf Juan Fernandez, in den wir nach einigen wenigen abwärts leitenden Schritten eintreten sollten. Von oben aus gesehen erkennt man, dafs der früher gemachte Vergleich der Wälder der Insel mit einer grofsen Volksmenge mit aufgespannten Regenschirmen ein vollständig berechtigter ist. Mit dem dichten Blätterdach der runden Kronen schützen die Bäume die unter ihnen wachsenden zarten Kinder der Flora mit derselben liebevollen, mächtigen Sorgfalt gegen die heftigen Regengüsse der Winterstürme wie gegen die glühenden Pfeile der versengenden Sonnenstrahlen, ohne aber weder die leise herniederrieselnden Wasser des Himmels abzuhalten, noch gegen die gemilderten, warmen Blicke des Tagesgestirnes ein undurchdringliches Dach zu bilden. Der Wald steht wie ein riesiges Treibhaus der Mutter Natur da, worin sie die Wunder heranzuziehen imstande ist, über welche die Reisenden und Besucher aller Zeiten aufs höchste gestaunt haben und die der Bewunderung wirklich wert sind.

Die meisten der Bäume der Insel sind gute Nutzbäume und gehören fast ohne Ausnahme Juan Fernandez speciell an, was uns gar nicht Wunder nehmen darf. Denn die ursprüngliche Flora der abgeschlossenen und abgesondert gelegenen Insel hat sich nicht mit derselben Leichtigkeit und Bequemlichkeit zerstreuen und anderen Orten mitteilen, ebensowenig wie sie nur sehr wenige Arten von anderen Gegenden her hat empfangen können, weshalb, wie wir nachher sehen werden, auf allen entfernten Inseln eine grofse Armut an Arten angetroffen wird. Die Spanier, welche Juan Fernandez zuerst betraten, glaubten in ihrer Flora überall ähnliche Pflanzen des Festlandes zu entdecken und erteilten daher den Bäumen der Insel Namen mit Diminutivendungen illo oder illa, als wenn sie nur Abarten der Bäume des Festlandes wären.

Der häufigste und fast über ganz Mas a tierra verbreitete Baum, der mindestens 90 Prozent ausmacht, ist der Naranjillo, der dem Naranjo, Apfelsinenbaum, des Kontinentes in der verzweigten Kronenbildung und in der Trockenheit der Blätter gleicht. Er liefert ein reiches, in Wasser nicht faulendes Holz, aus welchem auch die Segelschiffe, die gegenwärtig den Verkehr der Insel mit dem Festlande unterhalten, erbaut worden sind. Wegen seiner wertvollen Eigenschaften wird dieser Baum für die wirtschaftliche Zukunft von Juan Fernandez eine grofse Rolle spielen. Er erreicht eine Höhe von 20 bis 25 und einen Umfang von 2 bis 3 m; die Früchte wachsen in Trauben wie beim Pfefferbaum, mit welchem der Naranjillo häufig verwechselt wird.

Ein viel seltenerer Baum, etwa 5 Prozent in den Wäldern ausmachend, ist der Peralillo, so genannt, weil die Blätter mit denen des Birnbaumes Ähnlichkeit haben; auch er liefert ein brauchbares Nutzholz.

Die letzten 5 Prozent bildet der Canelo, auch auf dem Festlande vorkommend, der sich aber auf der Insel gröfser und schöner entfaltet und einen hier vollständig dem Zimmte gleichenden Geruch ausströmt, während derselbe bei dem Canelo des Festlandes kaum wahrnehmbar ist.

Andere einheimische Baumarten giebt es nicht, wohl aber verschiedene Sträucher, welche nicht vereinzelt, sondern in Gruppierungen vorkommen und wie Wälder in Kindheitsstadium aussehen. Wo es für die vorsorgliche Natur teils auf den Bergrücken mit Humusschicht von geringer Tiefe, teils in kleinen Thälern der Mühe sich nicht verlohnt hat, Samen für grofse Waldbäume auszustreuen, da hat sie, um die Erde nicht ohne Schmuck zu lassen, Sträucher angepflanzt, die sich ihres Daseins nicht zu schämen brauchen. Diese sind die Resina, deren Geruch an den Weihrauch erinnert; ferner die Lumilla, dann der Aroma azul, ein niedriges Sträuchlein mit bunten blauen Blüten, das sich anspruchslos mit den allerärmsten Stellen des Bodens begnügt, und zuletzt der Quebracho, eine Art von Johannisbrotbaum mit gelben Blumen.

Wetteifernd mit den Bäumen und Sträuchern finden wir neben und unter ihnen eine interessante Pflanze des Festlandes, nämlich den Pangue (Gunnera peltata), der aber auf der Insel enorme Proportionen erreicht, und in der ganzen Welt durch die begeisterten Schilderungen der Reisenden, welche die Robinson-Insel besucht haben, zu einer ganz eigenen Berühmtheit gelangt ist, woran die über Chile verbreitete Panguefamilie des Kontinentes keinen Anteil hat. Von der Gröfse der Blätter der Pflanze werden die folgenden Schilderungen einen klaren Begriff geben. Im März 1862 besuchte der damalige chilenische Finanzminister Renjifo mit zahlreichem Gefolge Juan Fernandez; allein als Pflanzenfreund beschäftigte er sich lieber mit dem Studium der Vegetation als mit der Zukunft der Insel in kommerzieller Beziehung und erlebte auf seinen Ausflügen nicht uninteressante Abenteuer. Einmal hatte ein Seesoldat ein brennendes Streichholz auf das dichte Gras an den Abhängen des Thales des Puerto frances hingeworfen. Sofort griff das Feuer auf dem schwefelhaltigen Boden mit Blitzesschnelle um sich, so dafs die Karawane des Ministers nur durch schleuniges Springen in das dort zum Glück seichte Meer dem sicheren Tode durch die Flammen entgehen konnte. Ein anderes Mal überraschte sie beim Botanisieren im Grunde einer dichtbewachsenen Schlucht ein starker Regenguſs, und es blieb ihnen nichts übrig, als mit der Axt ein Blatt eines Riesen-Pangue's abzuhauen, dessen Umfang so groſs war, daſs unter diesem Robinson-Schirme nicht weniger als zehn Personen Schutz gegen den Regen fanden. Unter den heiter dahinschreitenden Jünglingen waren drei, die damals kaum 14 Jahre zurückgelegt hatten und ihre erste Seefahrt machten und deren Namen wir hier mit Vergnügen niederschreiben: Juan José Latorre, Luis Uribe und Arturo Prat, weil sie sich später im Kriege Chile's mit Peru, der im Jahre 1879 ausbrach, als groſse Seehelden ausweisen, so daſs ihre Namen unauslöschlich der Geschichte Amerika's angehören.

Arturo Prat war es, der, als das peruanische Panzerschiff Huascar im Hafen von Iquique das alte, kaum bewegliche, halbverfaulte Blokadeholzschiff Esmeralda überraschte, zur Übergabe aufgefordert den heldenmütigsten Widerstand dem hundertmal stärkeren Feind entgegensetzte, und als sein Widersacher gegen sein Schiff anrannte, um es in den Grund zu bohren, den Befehl gab, auf das Deck des feindlichen Monitors zu springen, um mit dem Säbel in der Faust denselben zu erobern. Todesverachtend sprang er selbst voran, in der Meinung, daſs der gröſste Teil der chilenischen Besatzung seinem Beispiele folge; aber nur wenige hatten in dem Kanonendonner seinen Befehl vernommen, und nur diese wenigen waren ihm nachgesprungen. Nach kurzem Kampfe wurden sie von den Peruanern bis auf den letzten Mann niedergemacht. Mit Recht wurde damals diese Heldenthat mit dem Todesopfer des Leonidas im Engpaſs der Thermopylen verglichen und ihr gleichgestellt. Praktische Erfolge hatte sie nicht nach sich gezogen, da die Esmeralda nach mannhafter Gegenwehr von dem Monitor schlieſslich beim dritten Anrennen in den Grund gebohrt wurde; aber sie hat durch ihre moralische Bedeutung der jungen chilenischen Marine ein leuchtendes Vorbild hinterlassen, dessen sie immer eingedenk blieben und das sie zu Waffenthaten begeisterte, welche die Geschichte dieses Jahrhunderts mit Stolz unter den hervorragendsten aller Nationen verzeichnen wird! Derselbe Huascar wurde einige Monate später von dem chilenischen Panzerschiffe Cochrane unter dem Kommando von Juan José Latorre nach heiſsem Kampfe arg zerschossen und weggenommen. Luis Uribe befand sich als zweiter Kommandant der Esmeralda in dem blutigen Tage von Iquique und leitete nach Prat's Ermordung den Kampf in der rühmlichsten Weise, bis das alte Schiff in seinem Untergange ihn in peruanische Gefangenschaft brachte.

Doch kehren wir zu unserem Pangue zurück. Das Wasser, welches nach dem Regen in der Höhlung der Blätter zurückbleibt, soll nach ein bis zwei Tagen einen köstlichen Geschmack und eine wunderbare Klarheit annehmen, so dafs alle Reisenden, welche es getrunken haben, nicht genug Worte finden, um ihr Entzücken auszusprechen.

Der schon genannte englische Naturforscher Reed behauptet, 25 Fufs hohe Blätter angetroffen zu haben. Ein anderer englischer Reisender Rowsell schreibt aus dem Jahre 1882 an Benjamin Vicuña Mackenna, als vor der Insel Kriegsschiffe verschiedener Nationen ankerten, dafs er in einer abgelegenen Schlucht einen sehr korpulenten, ausgelassenen französischen Seelieutenant angetroffen habe, der auf dem Blattstengel eines Pangue in die Höhe geklettert und sich in seiner ganzen Länge auf dem Blatte wie in einem Bette ausgestreckt und dabei vor lauter Vergnügen über das seltsame Abenteuer lustige Melodieen gesungen habe.

Der Pangue von Juan Fernandez unterscheidet sich von dem des Festlandes wesentlich durch die Form der Blätter; bei jenem sind sie kreisrund mit gröfseren oder kleineren Zacken und bilden in der Mitte einen tieferen oder flacheren Kelch, an dessen unterstem Teile der Stil angewachsen ist. Es kommen auch kelchlose Blätter vor, die dann aber eine schirmähnliche Form haben. Diese Blätter sind die schönsten, wie aus den hier beigegebenen zwei Zeichnungen ersichtlich ist. Immer aber haben sie den Stengel in der Mitte. während die Species des Kontinents ihn am Rande der breitesten Seite hat, so dafs ihre Blätter einer Hand gleichen; aufserdem sind sie mehr als bei jener ausgezackt und erreichen niemals eine aufsergewöhnliche Gröfse. Auf die nebenstehenden Abbildungen kommen wir weiter unten zurück.

Der Insel eigentümlich gehört ein anderer Baum an, der Sándalo, der teils wegen seiner zahlreichen medicinischen Eigenschaften in verschiedenen und sehr verbreiteten Krankheiten, teils wegen seines sonderbaren und angenehmen Geruches, teils wegen des für kostbare Arbeiten wertvollen Holzes einen der bedeutendsten Reichtümer der Zukunft für Juan Fernandez bilden wird. Er wurde zuerst verstreut in einzelnen Stücken auf dem Boden der Insel und sogar auf dem Gipfel der Felsen, seiner Rinde entblöfst, als trockenes Holz in so grofsen Mengen aufgesammelt, dafs man dasselbe den dort anlegenden Schiffen als Brennholz für eine geringe Summe Geldes verkaufte, weil man seinen wahren Wert nicht im entferntesten erkannte. Man bemerkte wohl, dafs das Holz ein feines Aroma verbreitete, würdigte es aber keines tieferen Studiums. Da ein lebendes Exemplar noch nicht aufgefunden war, kam man anfangs zu der extravaganten Idee, der Sándalo sei durch die Strömungen des Meeres von fernen Inseln und Wäldern nach Juan Fernandez getrieben worden. Später glaubte man mit Bestimmtheit, dafs er, wenn

Der Pangue von Juan Fernandez.

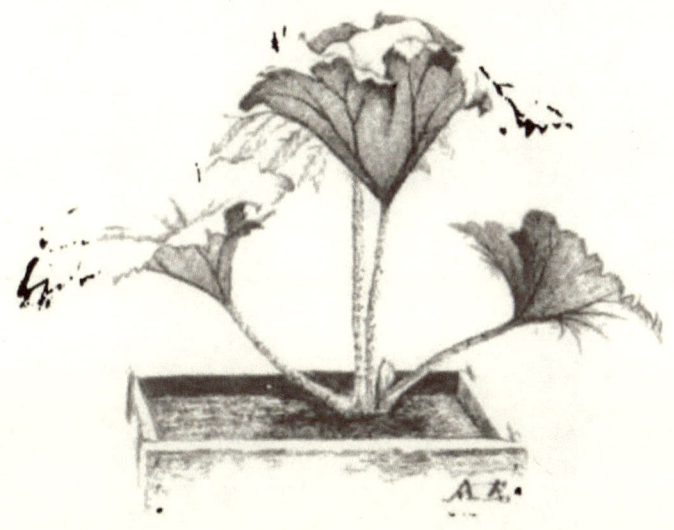

Der Pangue von Juan Fernandez.

er überhaupt auf der Insel existiert hätte, auf immer von ihr verschwunden sei, entweder infolge einer bemerkenswerten und folgenreichen Veränderung der Temperatur, oder weil er durch andere Pflanzen von größerer Kraft verdrängt worden sei, welche seinem Wachsen ein Ende gemacht hätten. Heutzutage haben die Einwohner den Wert des Holzes erkannt und sind nun nicht mehr so naiv, die Sandelholzstücke für Brennholz zu verhandeln; sie verstehen es jetzt vortrefflich, Geld daraus zu schlagen. Sie machen Stöcke davon, welche wegen der krumm wachsenden Stämme ziemlich selten sind und lassen sie sich mit fünf Thalern bezahlen; kleine Stückchen Holz werden mit einem Thaler und ein Schächtelchen mit wenigen Pillen mit 50 Centavos bezahlt. Die letzteren dienen nach ihrer Meinung für fast unbegrenzte Zeit; man brauche sie nur in kaltes Wasser zu legen und könne sie dann für tausenderlei Krankheiten gebrauchen, besonders für Lungenentzündungen. Über Bäder mit Aufguß von Sándalo erzählen sie noch staunenswertere Heilungen, als sie über die Wunderwasser von Lourdes im Umlaufe sind. Mit Reißen oder rheumatischen Schmerzen behaftete Walfischfänger sollen wie durch Zauberkraft durch ein einmaliges Bad mit Sándalo gesund geworden sein.

Indessen die Anpreisungen der Bewohner von Juan Fernandez sind durchaus nicht übertrieben. Nach einer medicinischen Revue, welche Vicuña Mackenna citiert, verwendet man den Sándalo, der im Anfange des Jahres 1882 lebend auf der wichtigsten Fidji-Insel, Naviti tevu, aufgefunden worden, zu sehr vielen ärztlichen Heilmitteln, außerdem auch für die Parfumerie, und macht aus seinem Holze Becher, Kästchen, Arbeiten von Mosaik, ja sogar Särge, in welchen sich die Leichname für außergewöhnlich lange Zeit unverändert erhalten sollen. Die Araber, sagt die Revue, seien die ersten gewesen, welche diesen Baum gegen alle möglichen Krankheiten gebraucht hätten, unter diesen besonders gegen Geschlechtskrankheiten.

Gay, in seiner chilenischen Botanik, hält mit Unrecht diesen Sándalo für den Santalum album (Linné), der auf Vorderindien und den dazu gehörigen Inselgebieten vorkommt; denn wie Herr Dr. Philippi treffend bemerkt, wäre dies ein in der botanischen Geographie einzig dastehendes Phänomen, daß eine Pflanzengattung sich in zwei so weit voneinander entfernten Gegenden wie Juan Fernandez und die Sunda-Inseln und in dazwischenliegenden Orten dagegen nirgends vorfände. Es ist sehr bekannt, daß man mit dem Namen des weißen und gelben Sandels verschiedene wohlriechende Hölzer bezeichnet. So wuchs der Santalum Freycinetianum auf den Sandwich-Inseln, von wo aus er zu hohen Preisen nach China ausgeführt wurde, bis er vollständig ausgerottet worden ist.

Vielleicht ist der Sandal von Juan Fernandez eine neue Species derselben Familie, aber dieser Insel eigentümlich, wie ja hier auch viele andere Pflanzen vorkommen, welche sonst auf keiner Stelle der Erde existieren. Fernere Arten des Sandal treffen wir in Santalum Cunninghami auf Neu-Seeland und in Santalum insulare auf Tahiti und den Marquesas-Inseln an, welche alle in geringerer Entfernung von Mas a tierra als Vorderindien liegen. In dem Nationalmuseum zu Santiago befindet sich ein trockenes Stück eines Sandals von Juan Fernandez, das auf einen Baum von 2 Fuſs im Durchmesser schlieſsen läſst.

Das erste lebende Exemplar entdeckte auf der Insel im Jahre 1882 ein Holzfäller im Walde des Puerto ingles, durch welche Thatsache alle Zweifel über die Existenz des Baumes beseitigt sind; denn zu verschiedenen Zeiten, schon seit mehreren Jahrhunderten, wollte man lebende Bäume gefunden haben, ohne daſs man jedoch etwas Sicheres darüber angeben konnte. Das Blatt des Sandal gleicht dem des Birnbaumes und ist auf der Oberfläche hellgrün, auf der unteren Seite weiſslich gefärbt. Der Baum selbst soll nach Herrn von Rodt bis 30 Fuſs Höhe erreichen. Die chilenische Regierung hätte längst einige Schutzgesetze zur Erhaltung dieser wertvollen und sehr selten gewordenen Bäume erlassen sollen, ehe damit vollständig aufgeräumt wird, wie es mit den Chontas, den Seehunden und vielleicht mit den Langostas in kurzer Zeit der Fall sein wird.

Auſser diesen interessanten und nutzvollen Bäumen und Sträuchern wachsen auf Juan Fernandez in üppigster Entfaltung eine Menge von Pflanzen und Kräutern, die teils als Nahrung, teils als vorzügliche Arzneimittel für die verschiedensten, selbst für die schlimmsten Krankheiten, und teils als Zierde für Gärten und Zimmer dienen können. Über dieselben hat Herr Dr. Rudolph Philippi, anläſslich eines Besuches an Ort und Stelle, umfassende Studien publiziert, von denen wir nur einzelne Punkte hier herauszuheben Raum haben. Unter andern weist er darauf hin, daſs die Flora aller isoliert liegenden Inseln zwei sonderbare Erscheinungen darbietet:

1) ihre ausnehmend groſse Armut nicht an Gattungen oder Geschlechtern, sondern an Arten, indem die Pflanzen der abgesonderten Inselgebiete auf einem mit dem Festlande gleichen Flächenraume eine viel geringere Anzahl Arten, Species, besitzen;

2) wechseln auf den abgesonderten Inseln eine gröſsere Quantität von ganz speciellen Pflanzen, welche nur hier und sonst auf keinem andern Teile der Erde vorkommen.

„Diese Thatsache," sagt er wörtlich, „dient als wichtiges Beweismittel für die Ansicht derjenigen Naturforscher, welche behaupten, daſs es viele Schöpfungsmittelpunkte gegeben habe, welche im Anfange nur wenige Arten hervorbrachten, und daſs durch die Auswanderung derjenigen Arten, welche auch unter verschiedenen Verhältnissen von denen ihrer primitiven Heimat zu leben vermochten, sich die einzelnen getrennten Schöpfungsmittelpunkte mit der Zeit vermischt haben, woraus die groſse Varietät der Formen entstanden ist, die wir heute in der gegenwärtigen Welt bewundern."

„Die Gesamtzahl," fügt Herr Dr. Philippi hinzu, „der Pflanzenarten auf Juan Fernandez beträgt 139, in 42 Familien verteilt, wogegen die Flora der ganzen Republik Chile bei 130 Familien gegen 3000 Arten enthält; jede Familie der chilenischen Pflanzenwelt besitzt demnach eine Durchschnittszahl von 23 Arten, während in Juan Fernandez auf sämtliche Pflanzen nur 3 Species kommen. Die meisten Arten derselben Gattung, nämlich 36, haben auf der Insel die Farrenkräuter aufzuweisen, welche allein 27 Prozent ihrer ganzen Flora ausmachen."

Unter den Pflanzen von Chile nehmen die Farrenkräuter nur $3^{1}/_{2}$ Prozent ein, in welcher Zahl aber, was wohl zu beachten ist, das groſse Kontingent der Robinson-Insel mit einbegriffen ist und welche ohne dasselbe sehr unbedeutend sein würde. Übrigens dominieren die Farrenkräuter über die andern Pflanzen ebenso wie auf Juan Fernandez auch auf sämtlichen australischen Inseln, welcher Umstand die Ansicht der Geologen bekräftigt, daſs nämlich in der Periode der Bildung der Oberfläche auf ihnen die Inseltemperatur herrschte, das heiſst, daſs die Temperatur ziemlich warm, sehr feucht und im Sommer und Winter fast gleichmäſsig war, wie sie ja noch heute auf Juan Fernandez geblieben ist.

Nur derjenige kann sich von der Schönheit und Mannigfaltigkeit der Farrenkräuter auf unserer Insel einen richtigen Begriff machen, der sie dort selbst gesehen hat. Neben dem baumhohen Farrenkraut wächst das winzig kleine, zierlich gefiederte; neben der einer Palmenkrone ähnlichen Art mit fächerartig in die Höhe gestreckten Blättern finden wir das am Boden hinkriechende, moosartige Pflänzchen und kommen aus dem Staunen und der Bewunderung über die Reize dieser Gattung nicht hinaus. Es sind ja „die Farrenkräuter von Juan Fernandez" in der ganzen Welt berühmt, und nur Australien teilt sich mit ihr in diesen unbestrittenen Ruhm. Freilich muſsten sie unter dem immer feuchten, immer sonnigen, immer warmen Klima der Insel vorzüglich gedeihen, beschützt von dem dichten Laubdach der Bäume, welche mit schirmender Hand ebenso den brausenden Sturmwind und den heftig aufschlagenden Platzregen, wie die verbrennenden Glutstrahlen der Sommersonne von ihnen fernhalten.

Im Thale und an baumlosen Orten findet man die Farrenkräuter selten und alsdann nur schlecht und kümmerlich entwickelt.

Doch kehren wir zu dem vor uns liegenden Walde zurück. Wie schon früher bemerkt wurde, führte der Weg nach der Cumberland-Bai anfangs ein Stück abwärts, darauf in horizontaler Richtung weiter, der Formation des Thalabhanges sich anbequemend und steigt an dessen gegenüberliegender Seite wieder in die Höhe bis auf den Gipfel des Berges zu, welcher die westliche Grenze des Thales der Cumberland-Bai bildet. Jener Thalabhang, der von einem der schönsten Wälder auf Juan Fernandez bedeckt ist, gehört der Bergkette an, welche von dem Puerto ingles nach dem Yunque zu streicht und die Seitenberge des Robinson-Thales von denen des Coloniethales trennt, wenn diese Bezeichnung für die vom Pächter bewohnte Hauptebene der Insel erlaubt ist; an seinem untersten Ende schliefst ihn die hohe Kette der an der Meeresküste hinziehenden Berge von Sal si puedes.

In dieser so entstandenen Mulde mufste sich notwendigerweise die Vegetation je weiter nach unten um so üppiger entfalten, was wir von dem oberen Teile aus, den wir passierten, aufs deutlichste sehen konnten. Weil die Baumkronen stark entwickelt sind und einen grofsen Umfang einnehmen, so stehen die Stämme ziemlich weit voneinander ab, aber mit solcher Regelmäfsigkeit, dafs keine Lücken in den Baumkronen vorhanden sind. Dadurch gewinnt man einen freien, ungehinderten und ausgedehnten Fernblick, der eben nur mit dem Ende des Waldes seinen Abschlufs erreicht. In Chile sind, besonders in den südlichen Urwäldern, die Bäume ganz dicht aneinander gerückt und verkürzen den Fernblick; das Vorwärtsschreiten wird in ihnen durch die üppig wuchernden Schlingpflanzen aufserdem erschwert, welche auf Juan Fernandez gänzlich fehlen. Die Farrenkräuter bedecken hier den weiten Zwischenraum zwischen den Stämmen, verdecken aber die Aussicht nicht, weil nur wenige ihrer Arten den Menschen an Gröfse überragen. Eigenartig ist dieser Eindruck der Wälder auf Juan Fernandez ohne Zweifel und in denen der übrigen Welt nicht wiederzufinden, worauf zur Würdigung der Wahrheit der enthusiastischen Schilderungen aller Reisenden und der Begeisterung Selkirk's für sein kleines Eiland nicht oft genug hingewiesen werden kann. Hierbei darf nicht übersehen werden, dafs die Bodenbeschaffenheit der Insel ebenso eigenartig gestaltet ist, wie schon früher berührt wurde. In Juan Fernandez giebt es keine Terrassen und keine Plateaus; die Insel befindet sich auf dem primitiven Zustande der Spitzen und der geraden Linien, das heifst, der Berg steigt in oft nur wenig unterbrochener gerader Linie in die Höhe bis zu seinem scharfen Gipfel und fällt in gleicher Weise auf den andern Seiten ins Thal hinab, wodurch die sämtlichen Fernsichten dieser merkwürdigen Insel ein durchaus eigenartiges Gepräge tragen.

Jenseits der Spitze des Grenzberges des Robinson-Thales abwärts gehend, trafen wir zunächst eine dünne, mit zerbröckelten Steinchen vermischte Humusschicht an, auf der eine Gruppe von Sträuchern, namentlich Aroma azul, in voller Blüte und da und dort eine palmenähnliche Farrenkrautart wuchsen, die aber wegen der Schattenlosigkeit des mageren Standortes zwerghaft klein geblieben waren.

Auffallend war uns das ziemlich häufige Vorkommen einer viel- und schmalblätterigen Lilienart, ähnlich der deutschen Schwertlilie, auf dieser sonnigen und trockenen Bergspitze; es erklärt sich aber aus der Häufigkeit und Regelmäßigkeit der Niederschläge auch während des Sommers. Weiter unten im Walde haben wir diese Lilien dagegen nur selten angetroffen; vielleicht gedeihen sie in dem Schatten der Bäume nicht und entwickeln sich nur im vollen Sonnenlichte.

Nachdem man den schmalen, geradeaus laufenden, die Schwierigkeiten des Terrains nicht berücksichtigenden, einfach ausgetretenen Pfad der Robinsonseite zuerst heraufgestiegen ist und hier an den künstlichen und breiten Weg gelangt, so erkennt man sofort, daß dies der von den früheren praktischen Gouverneuren der Insel planvoll und verständig angelegte Weg sein muß, auf welchem sie den alten Berichten zufolge die gefällten Baumstämme nach dem Coloniethale geschafft hatten. Sorgfältig sind die steilsten Abhänge vermieden, dafür bequeme Zickzacklinien gezogen, die Wurzeln der zu nahe am Rande des abgesteckten Pfades stehenden Bäume abgehauen, und der Weg da, wo er in wagerechter Richtung einen Abhang wie hier, wo wir den Wald durchschritten, schneidet, so tief als möglich ausgegraben, damit die auf der steilen Bergwand herabstürzenden Gießbäche des winterlichen Regens denselben nicht zerwühlen oder gänzlich zerstören könnten. An besonders bedrohten Stellen waren runde Steine regelrecht in den Boden getrieben, um demselben durch diese Art von Pflasterung eine immer dauernde Festigkeit zu geben, so daß man auf diesen Wegen wie in einem wohlgepflegten Parke dahingeht. Auf dieser Seite der Berge erkennt man überall, daß hier Leute geschaltet haben, welche über genügende und billige Arbeitskräfte verfügten, wie sie die Gefangenen allein hergeben.

Was hatte ich mich nicht nach diesem Augenblick gesehnt, wo ich unter dem kühn gewölbten Laubdach der mächtigen Bäume stehend die Herrlichkeiten der Farrenkräuter bewundern durfte! — Der Augenblick war gekommen, und die Wirklichkeit übertraf meine hochgespannten Vorstellungen, die ich aus der Lektüre über Juan Fernandez mir vorher gemacht hatte! Unsere bisher lebendig geführte Unterhaltung verstummte jetzt vor der zauberhaften Stille des Waldes vollständig, vor der gewaltigen Gröfse der Einsamkeit der Insel, die so vielen Einsiedlern im Laufe der Jahrhunderte eine liebe und traute Heimat geworden und die nach dem langen verflossenen Zeiträume heute geradeso einsam verblieben ist, als sie zu Selkirk's Zeiten war.

Wohl nirgends in der Welt giebt es einen stilleren Ort als diese Bergwälder; denn kein Vogel singt in den Zweigen, kein Vierfüfsler springt an uns vorüber, kein Gewürm erschreckt uns beim ruhigen Lagern, kein Ton erschallt, nicht einmal das Summen einer Mücke oder das Schwirren eines Käfers. Der einzige Vogel der Insel, der Kolibri, verirrt sich nicht in die Schattenlaube des Waldes, wo die Sonnenstrahlen nur verstohlen hineinblicken, sondern er weilt am Waldessaume und in der freien Ebene, wo die üppigen Kräuter und Sträucher in dem vollen Scheine des Lichtes blühen; das einzige einheimische, vierfüfsige Tier, die Bergziege, flieht vor der Düsterheit des Waldes, wo kein saftiges Gräschen zu einem kurzen Besuche einladet, sondern sie wohnt allein in den sonnigen, luftigen Küstenhöhlen, in deren Nähe der reichliche Berghafer unter dem ewigen Dach des Himmels für sie wächst; sonstige lebende Wesen existieren in den Wäldern n i c h t.

Man darf es daher den Bewohnern von Juan Fernandez nicht verübeln, dafs sie die Einsamkeit fliehen, welche für sie, die jahraus jahrein an diese einsame Insel gefesselt sind, zum Schrecken und Entsetzen werden mufste. Auch Du, lieber Leser, würdest, glaube ich, a l l e i n, mutterseelenallein, keine Lust verspüren, diesen Wald zu durchwandern. Den Genufs einer solchen potenzierten Einsamkeit (wenn solches Adjektiv gestattet ist) fühlt man nur in Begleitung von lebenden Wesen. Etwas anderes ist es, aus dem Geräusche und Getobe einer Grofsstadt und aus dem aufregenden Geschäftsleben in ein stilles Thal der Ruhe und Mufse sich für wenige Wochen zurückzuziehen, um den abgematteten Kräften die nötige Erholung zu verschaffen und dann wieder in das gewöhnte Fahrgeleise des alltäglichen Lebens zurückzukehren und etwas ganz anderes, auf eine solche einsame, verlassene Insel wie Juan Fernandez verschlagen zu werden, oder einer eigensinnigen Laune, allein zu sein, wie Selkirk es gethan hatte, aus eigenem Antriebe zu folgen: da kostet es bittere Mühe, an solche Einsamkeit, an solche Nähe der Leblosigkeit sich zu gewöhnen. Hat man aber deren Schrecken in hartem Kampfe überstanden und sich in die ungewohnten Verhältnisse hineingelebt, dann, ja dann wird die Brust des tapferen Streiters mit einer Zufriedenheit und Glückseligkeit erfüllt, welche der Mensch in dem Lärme des täglichen Lebens nicht zu finden vermag!

„Die Extreme berühren sich" auch auf der Robinson-Insel: für deren

Vegetationsgruppe auf dem Wege nach Selkirks Lookout.
(Juan Fernandez).

Bewohner hat die Einsamkeit der Wälder alle nur möglichen Schrecken im Gefolge, während sie für uns eine Quelle des höchsten Entzückens, der innigsten Bewunderung war!

Nach dem Regen drang unter das dichte, hohe Laubdach des Waldes eine frischere Temperatur hinein, von behaglicher Wärme und mit jener feuchten Ausdünstung durchsättigt, welche den Aufenthalt in den Gartensalons zu einem so gesunden und angenehmen macht. Die Erde war nafs, aber nicht klumpig, sondern lose und hatte dunkelbraune Färbung wie echter Humus. Fast überall, soweit man nach oben und nach unten sah, war der Boden mit Farrenkräutern bedeckt. Eine eingehende Schilderung der Mannigfaltigkeit und Schönheit derselben zu entwerfen, läfst sich nur unter Beifügung von farbigen Abbildungen erreichen. Die hier nebenstehende veranschaulicht eine Lichtung des Waldes auf dem Wege nach dem Lookout von dem Coloniethale her; sie genügt für die Besucher der Insel vollständig, um diese wunderbare Pflanzenwelt wieder frisch vor den Augen aufleben zu lassen, wird aber demjenigen, der die Insel nie betreten hat, schwerlich zu einer klaren Vorstellung verhelfen.

Merkwürdigerweise stehen selten wiederholte Exemplare derselben Art der Farrenkräuter in unmittelbarer Nähe zusammen, sondern alle möglichen Arten wachsen in buntester Ordnung nebeneinander, so dafs man oft erst nach 10 bis 12 Schritten ein zweites Exemplar derselben Art antrifft. Deshalb darf der Sammler lebender Pflanzen am Anfange nicht zu wählerisch sein, weil er sonst, wenn er auf eine besser entwickelte Pflanze dieser oder jener Art für später rechnet, dieselbe mitunter nicht mehr besser antrifft oder bei knapp zubemessener Zeit sie gar nicht mehr wiedersieht. Als Pflanzenliebhaber wollte ich so viele Arten als möglich mitnehmen; aber aus anfänglicher Unkenntnis jener Eigentümlichkeit habe ich eine geringere Ausbeute als gehofft gemacht.

Im allgemeinen lassen sich die Farrenkräuter ohne Mühe aus dem lockeren Boden herausziehen; nur die Arten von kolossaler Entwickelung kann man erst nach angestrengter Arbeit und mit den nötigen Hülfsmitteln, über welche ich nicht verfügte, herausnehmen. Unser Führer trieb ohne Unterbrechung seines Viehes wegen zur Eile an, und mein Freund hatte wenig Lust, sich mit Farrenkräutern zu belasten, da unser Weg noch weit und beschwerlich war, so dafs ich also weder wählerisch noch langsam beim Aussuchen der einzelnen Exemplare sein durfte. Von den riesenhaften baumähnlichen Farrenkräutern, welche mitunter die doppelte Höhe eines Menschen erreichen, mufste ich mich begnügen, einen Zweig abzuschneiden und brachte ihn als Trophäe glücklich an Bord des Dampfers. Von allen Exemplaren, welche ich selbst nach unten zu tragen hatte, sind, trotzdem dafs sie in Santiago erst nach einem Zeitraume von

8 Tagen eingepflanzt werden konnten, allein ihrer zwei vertrocknet; die anderen, mehr als ein Dutzend, haben den Wechsel des Klima's überwunden, meine Mühe belohnt und bilden den Stolz meines Gartens.

Die gewöhnlichen Farrenkräuter, wie sie auf dem ganzen Festlande von Amerika und in Europa vorkommen, haben wir in den Wäldern von Juan Fernandez nicht angetroffen.

Wie schon bemerkt wurde, stehen die Bäume in ziemlich regelmäfsigen Entfernungen voneinander. Ihre Stämme haben eine weifslichgraue Rinde und treiben unterhalb der Krone keine vereinzelten Zweige. Die auf den Boden fallenden Samen keimen selten, und wenn aus dem einen oder dem anderen zufällig ein Spröfschen sich entfaltet, so stirbt es aus Mangel an der nötigen Luft und Sonne bald ab, oder wird von den Farrenkräutern verdrängt. Der Anblick der Wälder bleibt also jahraus jahrein derselbe unveränderte; sie sind keinem anderen Wechsel als dem der Blüten und Früchte unterworfen.

Der Wald, welchen wir durchschritten, hatte in früheren Zeiten den ganzen westlichen Abhang der Berge, welche den Rand des Coloniethales ausmachen, vollständig bedeckt. Die mächtigen Baumstämme wurden von dem Gipfel aus anfangend nach und nach gefällt und die Ausdehnung des Waldes bedeutend beschränkt. Auf der Höhe dieses Bergzuges, der gleichfalls mit dem Yunque in Verbindung steht, geniefst man eine der entzückendsten Aussichten von Juan Fernandez, an denen man sich wirklich, obgleich die für diese Panoramas dienenden Elemente immer dieselben sind, nicht müde sieht, und von denen man, wie es der freundliche Leser an uns vielleicht schon mit Überdrufs bemerkt hat, immer mit gleichem Vergnügen wieder spricht. Der Zauber der Fernsichten der Insel liegt in dem Umstande, dafs bei der geringen Ausdehnung des Eilandes die Gegenstände sich nirgends in nebelhafte, undeutliche Fernen verlieren, wie es an vielen Orten der Fall ist, an denen die Phantasie des Beschauers dem Auge zu Hülfe eilen mufs. Dazu kommt noch die immergleiche Klarheit und Reinheit der Luft, welche, wie solches ähnlich auch in ganz Chile stattfindet, über weitentfernte Strecken einen bis auf die Details genauen Überblick erlaubt, der durch die eigenartige Bodenbeschaffenheit des Insellandes mit der Veränderung des Standpunktes in fortwährender Abwechslung und Mannigfaltigkeit neue Charaktere entwickelt, aufs neue fesselt und niemals den Beschauer ermüdet. Überall dient das blaue Meer als wohlthuender Hintergrund und der ewig heitere Himmel als harmonischer Abschlufs zu den Bildern, welche sich nicht blofs den Augen, sondern auch dem Herzen unauslöschlich einprägen und eine warme Sehnsucht nach der Insel rege halten.

Der obere Teil des Bergrandes, welcher im Westen das Koloniethal abschliefst und in dem Küstenzuge Sal si puedes endigt, besteht nur aus nackten Felsengesteinen, weshalb die alten Gouverneure den Weg ein gutes Stück lang in der Richtung nach dem Yunque zu ausgruben, bis man an den Rand eines schmalen, aber üppig fruchtbaren Thales gelangt, wo sich der Weg unterhalb des oberen wieder dem ebenerwähnten Bergrande zuwendet. Hier haben sich an Stelle der bisherigen mächtigen Bäume kleinere Sträucher in voller Freiheit und Luft entfaltet, namentlich die Canelos, welche wir nun zum erstenmal antrafen. Sie erreichen eine Höhe von vielleicht 12 bis 15 Fufs, wachsen aber in Strauchform von weitem Umfange. Die Blätter sind grofs und saftig hellgrün und bedecken die Zweige in ihrer ganzen Länge bis zum Stamme, so dafs also jeder Canelo wie ein Busch aussieht. Auch ohne dessen Namen zu kennen, errät man ihn sofort an dem scharfen Zimmetgeruche, welcher die Luft in seiner Nähe erfüllt.

Nach ungefähr 50 Schritten erreichten wir eine Lichtung, auf welcher eine Menge junger Pangues standen. Die Pflanzen liefsen sich sehr leicht aus dem Boden ziehen, was entschieden verwundern mufs, da sie den heftigen Winden Widerstand leisten und dennoch selten umgerissen werden, trotzdem sie meistens an freien Stellen wachsen. Nämlich sie besitzen einen gewöhnlich sich aufserhalb des Bodens befindlichen massiven Wurzelstock, der einer gebogenen Schlummerrolle gleicht und einen Durchmesser von einem halben Fufs und darüber hat, aus welchem unzählige kräftige Wurzelstränge herauskommen und sich in die Erde fest einbohren. Aus seiner Spitze entwickeln sich die Blätter, welche am Ende eines hohen, kräftigen, ringsum mit hellgrünen Warzen bedeckten Stengels sitzen und eine schirmförmige Gestalt haben. Die Stengel erreichen eine solche Dicke, dafs sie von den Einwohnern der Insel mit Vorliebe für Einfriedigungen verwandt werden. Die ganze Pflanze ist jedenfalls sehr merkwürdig und macht einen überaus imposanten Eindruck, weshalb sie für Gartenanlagen sich vorzüglich eignet, und konnte ich es daher nicht unterlassen, ein Exemplar mitzunehmen. Ich wählte einen jungen Pangue, der erst drei Blätter entfaltet hatte und brachte ihn glücklich nach Santiago. Daselbst pflanzte ich den Wurzelstock in die Erde. Monate vergingen, ehe er ein Zeichen des Lebens von sich gab. Endlich sprang aus einer dicken Knospe an der Spitze das erste kleine Blättchen heraus. Nunmehr grub ich ihn aus der gewöhnlichen Gartenerde wieder heraus und fand, dafs aus dem Wurzelstocke überall kleine rötliche Keime herauswuchsen, welche die volle Lebenskraft der Pflanze anzeigten. Ich setzte ihn in eine starke Kiste mit Humuserde aus der Cordillera und liefs ihm alle mögliche Pflege angedeihen. Das Resultat war ein sehr erfreuliches, wie die beiden nebenstehenden Abbildungen beweisen, welche meinen Pflegling in seinem fünfmonatlichen Alter von zwei verschiedenen Seiten aus dem Leser zur Anschauung bringen. Die Blätter entwickeln sich erstaunlich schnell, und hatte das dritte in der kurzen Zeit bereits eine Höhe von 2 Fufs und einen Durchmesser von 1¹/₂ Fufs erreicht. Das vierte Blatt ist entschieden das schönste geworden, obwohl sein Kelch sich flacher als bei den übrigen gebildet hat.

Der Pangue gedeiht aber nur dann, wenn er die Witterungsverhältnisse seiner schönen Heimat geniefst, d. h., wenn er täglichen Regen empfängt und die brennenden versengenden Sonnenstrahlen ebenso sorgfältig als die Kälte von ihm ferngehalten werden.

Der Führer und mein Freund waren vorausgegangen und warteten da, wo der Weg sich wieder zu dem Bergrücken wendet, welcher mit fast senkrechter Steilheit nach dem Koloniethale hinabfällt. Dort rasteten wir für einige Augenblicke, das gewaltige Panorama vor uns aufs neue bewundernd. Wie die Märchen den Kindern jedesmal, wenn sie dieselben wiederhören, einen neuen Reiz, einen höheren Zauber zu besitzen scheinen, obwohl sie immer dieselben Märchen bleiben und fast immer mit denselben Worten erzählt werden, mit demselben neuen Interesse staunt man auf Juan Fernandez dieselben landschaftlichen Bilder immer wieder an, ohne ihrer müde zu werden.

Der niedrige Stand der Sonne mahnte uns zu schnellerer Wanderung. In den schärfsten Zickzacklinien führt der tief in den Felsenberg eingeschnittene Weg auf dem schmalen scharfkantigen Bergrücken nach unten, so dafs man trotz der aufsergewöhnlichen Steilheit mit der gröfsten Sicherheit einhergeht.

In der Ebene angelangt, verabschiedeten wir den Führer, der sofort wieder auf die Berge stieg, um sein Vieh noch vor Einbruch der Nacht in die für sie bestimmte Einfriedigung zu treiben. Sein Hund, der uns den ganzen Weg begleitet hatte, war im Nu aufgesprungen, trotzdem er sich bereits ein gemütliches Ruheplätzchen ausgesucht hatte und begleitete seinen Herrn aufs neue, ohne dafs derselbe ihn dazu aufgefordert hätte. Die Hunde wissen es, dafs sie dem Menschen in der entsetzlichen Einsamkeit der Insel unentbehrlich geworden sind. Die Hauseigentümer besäfsen eine Anzahl von Hunden — sagte uns der Führer, als wir ihm unser Erstaunen über das eben Beobachtete ausdrückten — und sobald diese sähen, dafs ihr Herr sich zum Ausgehen rüste, spränge sofort einer derselben ungerufen herzu, um ihm Gesellschaft zu leisten; die anderen aber blieben ruhig zu Hause und gingen nur mit, wenn es besonders von ihnen verlangt würde.

Auch fiel es uns auf, dafs der Führer zu alleiniger Stärkung für seinen beschwerlichen Gang, das auf den Bergen zerstreute Vieh zusammenzuholen, ein Glas des frischen Wassers aus dem Bache vor seinem Hause zu sich nahm, obwohl er die beiden Passagiere vor uns nach dem Robinson-Thale gebracht und daselbst auch nichts anderes als einen kräftigen Trunk Wasser genossen hatte. Nicht im entferntesten sei er müde, erklärte er, und könne einen ganzen Tag lang herumlaufen, ohne irgendwelche Speise zu essen, wenn es ihm nur nicht an dem frischen Quellwasser fehle, welches ihn hinreichend stärke.

Mein Freund begab sich nach der Hütte von Arredondo, des Hauptarbeiters der Chontastöcke, während ich in dem Hause des Führers von dessen Familie ein Glas Milch verlangte, um diese zu erproben. Das Haus liegt an dem zweiten Bache des Koloniethales, der murmelnd zwischen den heilsamen Kräutern dahinfliefst. An seinem Rande war eine junge Ziege angebunden, welche aus den Küstenhöhlen stammte und lebend eingefangen worden war. Wild rifs sie an dem Stricke, um die Freiheit wiederzuerlangen.

Die köstliche Milch mundete vortrefflich; die leichte Ermüdung, welche ich verspürt hatte, war durch eine kurze Rast gänzlich verschwunden. Diese Spannkraft und Ausdauer des Körpers rührte nicht allein von der Neuheit der Eindrücke her, welche wir an allen Orten am heutigen Tage empfangen hatten, sondern zum gröfsten Teile von der reinen und kräftigenden Luft der Insel Robinson's, was auch die übrigen Passagiere, die sich über das Land zerstreut hatten, in gleicher Weise an sich erfuhren. Nach ihren äufseren Verhältnissen mufs die Luft auf Juan Fernandez kräftigend wirken, da wohl auf wenigen anderen Stellen der Erde günstigere Bedingungen als hier angetroffen werden, deren einfache Aufzählung jede weitere Ausführung überflüssig macht. Da ist das reine lauwarme Meer, das sich in fortwährender Bewegung befindet; das zum grofsen Teil mit Vegetation bedeckte Land, die gleichmäfsige Verteilung der trockenen Berge und der feuchten Thäler, die vielen heilsamen Kräuter, die starken Winde, welche die Insel jeden Tag aufs neue lüften, die geringe Anzahl von lebenden Wesen, welche sich daselbst aufhalten, der ewig heitere Himmel, der sich über Land und Meer ausspannt, die regelmäfsigen, aber kurzen Regenschauer, welche die Insel vor zu grofser Trockenheit bewahren, das gänzliche Fehlen von Staub, Rauch und schädlichen Ausdünstungen u. s. w.

Am Abend, als wir nach aufgehobener Mahlzeit unter den Klängen der Musik im grofsen Salon des Dampfers verblieben, um die Erlebnisse des heutigen Tages gegenseitig auszutauschen, bildeten die Erzählungen der verschiedenen Reisegefährten ebenso viele und interessante Belege für die oben ausgesprochene Behauptung. So hatte sich ein schwächlicher

Jüngling am frühen Morgen mit einem Inselbewohner aufgemacht, um eine lebende Chonta zu suchen und zu fällen. Lebensmittel hatten sie nur für eine karge Mahlzeit mitgenommen und dann den Weg nach den nördlichen Abhängen des Yunque eingeschlagen, auf dessen oberem Teile die seltenen Palmen wachsen. Unter unsäglichen Anstrengungen waren sie emporgestiegen und glücklich bis zu einer mächtigen Chonta vorgedrungen. Mit einer Axt wurde der Stamm umgehauen und dann die dünnere Spitze abgeschlagen. Der Stamm mochte eine Länge von 6 bis 7 m und einen Durchmesser von ungefähr 15 cm haben. Nach kurzer Erholung legten sie den schwerwiegenden Stamm auf die Schultern und begannen mit dieser Last den langen Heimweg, der bei der Steilheit der Abhänge eine solche Menge von Gefährlichkeiten und Schwierigkeiten auf jedem Schritt und Tritt für die beiden Leute, besonders für das solcher Arbeit nicht gewöhnte schwächliche Stadtkind aus vornehmer Familie darbot, daſs das Herunterbringen der Chonta ein unmöglich erscheinendes Unternehmen gewesen wäre, wenn eben nicht die wunderbaren Verhältnisse der Insel helfend zur Seite gestanden hätten. Verschiedene Leute wollten an der Wahrheit zweifeln, aber der auf dem Deck des Dampfers liegende mächtige Stamm der Palme, die wundgeriebenen Schultern des Reisegefährten, seine blutunterlaufenen Augen und angeschwollenen Hände bewiesen deutlicher als seine nüchternen Schilderungen des lebensgefährlichen Herabsteigens die Wahrheit derselben.

Ein junger Engländer war mit dem besten Jäger der Insel in aller Frühe aufgebrochen, um über den hohen Bergzug des Yunque zu klettern und auf der noch steileren südlichen Gebirgswand wilde Ziegen, welche hier in gröſserer Zahl sich aufhalten sollen, zu erlegen. Auch sie hatten sich nicht unnötigerweise mit vielen Lebensmitteln beschweren wollen. Ihr Ziel erreichten sie und schossen auf Ziegen; allein die senkrechten Felswände verhinderten, die Beute aufzusammeln.

Fast alle Passagiere hatten auſsergewöhnlich lange und anstrengende Partieen nach allen Richtungen des Koloniethales hin gemacht und ihre Leibeskräfte aufs höchste angespannt, ohne ermüdet an Bord anzulangen.

Der heftige Wind, der sich auch heute zur Zeit des Sonnenunterganges vom Yunque herunterstürzte, machte meiner Rast ein Ende und trieb mich zur Eile, um noch rechtzeitig die letzten die Überfahrt nach dem Dampfer vermittelnden Böte benutzen zu können. Der Sturm tobte über die Ebene dahin, heulte um die Häuser herum und zerzauste die Wipfel der Bäume, so daſs wir es den Inselbewohnern recht gut nachfühlen konnten, daſs sie, abgeschlossen von dem belebenden Verkehre mit der Menschheit und eingeschlossen auf dem engen Raume, von dem die

Überlieferung die schauerlichsten Geschichten erzählt, überall Gespenster zu sehen glauben und sich nach Sonnenuntergang allein ohne Begleitung nicht ins Freie wagen! Wie entsetzlich öde müssen diese Abende dem Alexander Selkirk anfangs erschienen sein, bis er sich daran gewöhnt hatte!

Der Ausbruch des Windes hatte zufälligerweise mit dem Eintreten der Flut zusammengetroffen und war das Meer infolgedessen mehr als vorher aufgeregt, so daß die Ruderer kaum imstande waren, die Böte an der Landungstreppe vor dem Zerschellen an den mächtigen Steinen der Küste zu bewahren, bis der letzte Passagier eingestiegen war. Lautlos wurde die Strecke bis zum hell erleuchteten Maipo zurückgelegt. Ein jeder brachte seine Schätze der Erinnerung an die Robinson-Insel in Sicherheit, und mischten wir uns dann unter die animierten Gruppen der übrigen Reisegefährten, welche als Gesprächsthema die verschiedenen Episoden des heutigen Tages verhandelten. Das nachfolgende Diner verlief in sehr angenehmer und animierter Stimmung und verwandelte sich zum Schluß in eine Art von Fest, dessen Hauptpersonen die vier unerschrockenen Bergsteiger waren, welche den Weg von dem Thale der Cumberland-Bai nach dem Puerto ingles oder umgekehrt zu Fuß glücklich überstanden hatten.

Die Engländer, die ja doch die überwiegende Mehrzahl der Passagiere ausmachten, aber keine ebenso hervorragende Leistung aufzuweisen hatten, wollten uns keineswegs den wohlerworbenen Ruhm allein genießen lassen, sondern auch ihren Anteil daran haben. Deshalb beschlossen vier ihrer besten Fußgänger, am nächsten Morgen in aller Frühe denselben Weg nach dem Robinson-Thale zu machen und hier den Dampfer zu erwarten, der am Vormittage rings um die Insel herum zur Vervollständigung unserer Kenntnisse fahren sollte. Aus unseren Schilderungen glaubten sie genügend mit der Richtung der einzelnen Pfade vertraut geworden zu sein, um eines Führers gänzlich entbehren zu können. Wie es ihnen dabei ergangen ist und wie sie schließlich die Haupthelden der ganzen Partie nach der Insel geworden sind und uns gründlich in den Hintergrund gedrängt haben, wird an der passenden Stelle erzählt werden.

Die Karawane, welche am Morgen des heutigen Tages in Begleitung des französischen Photographen nach dem Lookout gestiegen war, war daselbst ohne sonderliche Anstrengung eingetroffen, da schon die spanischen Gouverneure zu ihrer eigenen Bequemlichkeit und der der folgenden Jahrhunderte auch nach dem interessanten und historisch wichtigen Aussichtspunkte Selkirk's einen breiten und möglichst sanft ansteigenden Weg von den Gefangenen hatten herrichten lassen, welcher zugleich die schönsten Stellen der dortigen Wälder berührte. Durch die Verzögerung unserer Abfahrt nach dem Puerto ingles waren wir, die wir vorher die Robinson-Grotte zu besuchen uns vorgenommen hatten, unglücklicherweise verhindert worden, den Lookout aus eigener Anschauung kennen zu lernen, und mufsten uns mit den Erzählungen der Teilnehmer dieses Spazierganges und mit den später käuflich zu habenden photographischen Aufnahmen begnügen. Von den letzteren sind drei sehr gut gelungen und hier wiedergegeben worden:

erstens der Lookout selbst, mit der Gedenktafel, welche das nordamerikanische Kriegsschiff Topaze dort errichtet hatte;

zweitens der Überblick, welchen man von diesem freien Punkte aus auf den unfruchtbaren westlichen Teil der Insel und weiter auf Santa Clara geniefst, und

drittens die grofsartige Vegetationsgruppe der Pangues und Farrenkräuter in einer Lichtung des Waldes, nahe am geebneten Wege gelegen, auf S. 95 abgebildet.

Der Lookout war ohne Frage in passender Weise von Selkirk für seinen Ausguck ausgesucht worden. Von da aus konnte er den ganzen unermefslichen Horizont ungehindert überschauen und ungesehen den vorbeisegelnden Schiffen mit den Blicken folgen, oder vor den auf die Insel zusteuernden Fahrzeugen rechtzeitig auf seiner Hut sein. Hier gelangte er jeden Tag zu dem festen Bewufstsein, dafs er der einzige Bewohner dieses köstlichen Eilandes, dafs er der unbeschränkte Herrscher in dieser kleinen, aber reichlichst ausgestatteten Welt geblieben, dafs der süfse Frieden seiner Einsamkeit durch die trennenden Gewässer, welche in der Ferne ohne Grenzen sich verloren, ihm bewahrt worden sei. Hier fand er in dem zu seinen Füfsen liegenden herrlichen Lande die beste Arznei für seine Melancholie und genas im Laufe der Tage und Monate vollständig. Hier genofs er Abwechslung und Erheiterung für das monotone Leben, welches sich in seiner Grotte nur um Essen und Schlafen drehte; hier empfand er die ungetrübte Glückseligkeit seiner freiwilligen Verbannung in der Betrachtung des weiten Panorames, welches in immer schönen Farben und Gestaltungen vor seinem Auge sich ausbreitete. Freilich mag er am ersten Tage, als er selbstverzagt auf die nahen Berge kletterte und immer höher hinaufeilte, bis er an diesen Platz gelangte, wo nichts mehr die freie Rundschau über den Horizont verdeckte, unter Thränen auf das sich von der Insel entfernende Schiff hinabgeblickt haben. Aber allmählich schwand die Erinnerung an die früheren Gefährten, der ihm liebgewordene Aussichtspunkt lenkte ihn von selbst auf die Erforschung und Durchwanderung der neuen Heimat seiner eigenen Wahl, und schliefslich zog der Frieden der Versöhnung mit seinem Geschick dauernd in sein empfindsames Herz hinein.

Selkirks Lookout mit der Gedenktafel (Juan Fernandez).

Gegen 9 Uhr abends legte sich der Sturm, wie er es fast regelmäſsig um diese Stunde thut, und schliefen wir recht angenehm nach den Anstrengungen des Tages. Am nächsten Morgen sollten wir um 8 Uhr die Anker lichten und nach einer schnellen Rundfahrt um die Insel den Heimweg antreten.

Der Morgen kam, ein herrlicher, sonniger Morgen, und im schönsten Festgewande des Ostersonntages lächelte uns die Insel entgegen, als wir frühzeitig das Deck betraten, um so lange als möglich noch nach der Insel hinüberzuschauen, die wir vielleicht niemals in unserem Leben wiedersehen mochten. „Der letzte Robinson" verabschiedete sich von diesem und jenem Bekannten und stieſs von der Seite des Dampfers ab, um sein einsames Eiland wieder zu erreichen.

Je näher die Stunde der Abreise heranrückte, um so geschäftigere Bewegung zeigte sich überall an Bord. Die, welche bei Tagesanbruch einen letzten Besuch an Land gemacht hatten, kehrten zurück, eiligst zusammengesuchte Farrenkräuter mitbringend, so daſs einzelne Böte wie schwimmende Gärten der Insel aussahen. Fischer ruderten heran, um noch einige lebendige Langostas im letzten Augenblicke an Liebhaber zu hohen Preisen zu verkaufen. In kleinem Nachen saſs ein uralter Mann, der Patriarch der Insel, und zog hinter sich einen fetten schwimmenden Ochsen her, der uns das frische Fleisch während der Rückfahrt liefern sollte. Der eine Teil der Matrosen hiſste die Böte in die Höhe, während der andere den mächtigen Anker aus der Tiefe des blauen Meeres emporwand.

Schon entstieg dem Schornsteine der Maschine schwarzer, qualmender Rauch, die Schiffsglocke rief mit lauter Stimme über das Thal der Cumberland-Bai hin und forderte die etwa daselbst noch weilenden Passagiere zu schleunigem Aufbruch auf. Aber keiner derselben war dageblieben, und nach kurzer Frist gab Kapitän Stewart das Zeichen zur Abfahrt Langsam drehte sich der Maipo nach Nordwesten zu. Kein Hurrah des Abschiedes ertönte weder vom Lande, noch vom Dampfer aus. Unser Besuch hatte nur dem einsamen Felsen gegolten, wo der jetzt weltberühmte Schotte in einzigem Verkehr mit der Natur das wahre Glück gesucht und gefunden hatte. Mit den heutigen Bewohnern der Insel waren wir nur in sehr flüchtige und oberflächliche Berührung gekommen, und selbst zu Herrn von Rodt hatte kein warmes Interesse in uns aufsprieſsen können. Da standen sie am Strande oder vor ihren Hütten in winziger Anzahl und schauten stumm dem fortdampfenden Schiffe nach.

Die älteren Männer und Frauen, welche gegenwärtig daselbst leben, sind zum gröſsten Teile auf der Insel in der Schreckenszeit der Strafkolonie geboren worden, und die jüngeren Leute sind deren Kinder. Alle haben die Insel lieb, weil sie ihre Wiege war, ebenso lieb als jeder von uns seine eigene Heimat, und haben keine Lust, dem öden Leben zu entfliehen. Nunmehr haben sie seit einer Reihe von Jahren eine ununterbrochene Ruhe genossen, weil fremde ruchlose Abenteurer der Insel ferngeblieben sind. Erst vor wenigen Jahrzehnten noch war sie der Schauplatz der blutigsten Mordthaten gewesen. Der gröfste Teil des über 800 Seiten umfassenden Buches von Benjamin Vicuña Mackenna über die Geschichte von Juan Fernandez enthält eingehende Schilderungen über die entsetzlichsten Verbrechen seit Aufhebung der Strafkolonie, als die Insel sich selbst überlassen war, und wovon wir nur ein Beispiel hier anführen wollen.

Ein paar Familien, von denen heute noch Mitglieder leben, fristeten dort ihr kärgliches, mühsames Leben. Auf der herrenlosen Insel fanden sich teils Schiffbrüchige, teils Deserteure von Kriegs- und Handelsschiffen zusammen, welche von jenen Familien trotz ihrer Armut nach Kräften unterstützt wurden. Die eine derselben war beglückt durch schöne, erwachsene Mädchen. Die Abenteurer verschworen sich in den schauerlichen Erdhöhlen der einstigen Gefangenen, die Eltern und sonstigen Angehörigen in einer Nacht zu töten und die Mädchen zu rauben. Einer der Verschworenen wurde jedoch abtrünnig und verriet der bedrohten Familie den Anschlag. Deren Mitglieder entschlossen sich, den Mordgesellen zuvorzukommen und brachten sie auf die blutigste Weise ums Leben. Ähnliche Fälle hatten sich wiederholt zugetragen.

Ein Fluch scheint auf der Insel zu liegen und ihre gedeihliche Entfaltung für immer zu hindern! Die Reichtümer, welche sie in sich birgt, sind noch nicht ausgenützt worden, und das Land, das eine blühende, reichbevölkerte Kolonie sein könnte, gewährt einen nur kümmerlichen Unterhalt für ein paar Menschen! Am Bord des Maipo befanden sich einige Kapitalisten, welche diese Vergnügungsreise zugleich zur Erforschung der Insel unternommen hatten. Was sie gesehen, hatte die besten Hoffnungen in ihnen erweckt und sie zu dem festen Entschlufs gebracht, nach der Rückkehr auf das Festland eine grofse Gesellschaft mit starkem Kapital zur Ausbeutung der ganzen Inselgruppe zu formieren. Die Rührtrommel wurde rüstig geschlagen, aber bald war der Enthusiasmus verrauscht und nach einigen Monaten die Insel vollständig vergessen!

Was sie bietet und in welcher Weise die verständige Ausbeutung angefangen werden müfste, wird am Schlusse des Buches ausgeführt werden.

Das Koloniethal war aus unsern Augen entschwunden. Wir fuhren längs der steilen, felsigen Abhänge von Sal si puedes in dem herrlichen blauen Meere, das so ruhig wie ein Landsee war. Bald kam der Puerto

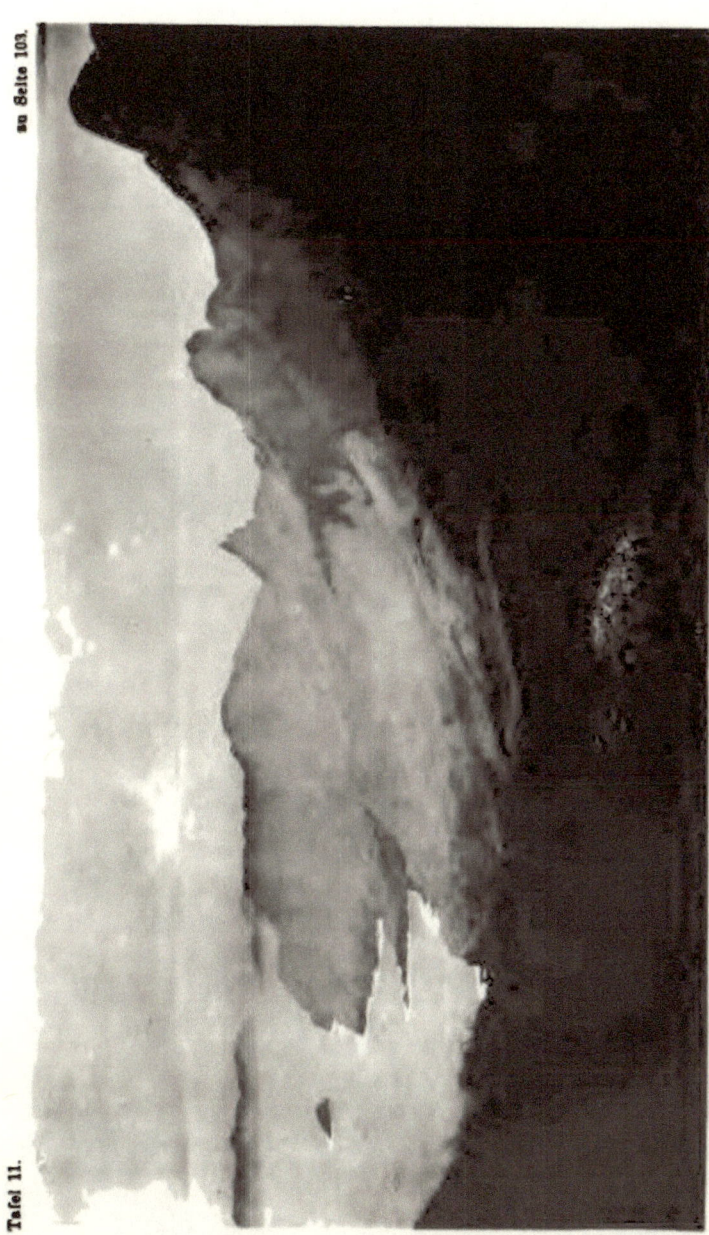

Der westliche Theil von Juan Fernandez und die Insel Santa Clara.

ingles in Sicht, wo eine kurze Zeit gewartet werden sollte, teils um den Damen unserer Reisegesellschaft Gelegenheit zu geben, einen schnellen Ausflug nach der nahen Robinson-Grotte zu machen, teils um zwei Partieen an Bord zu nehmen, von denen die eine am frühen Morgen zu Wasser hierhergefahren war, während die andere den Weg zu Lande eingeschlagen hatte. Obwohl es Frühstücksstunde war, dachte noch keiner an die leiblichen Bedürfnisse, und alle Welt stand auf dem Vordeck, weil den meisten Passagieren dieser Teil der Insel unbekannt war und weil sie auf die Ziegenfamilie, über deren Anwesenheit auf der den Puerto ingles begrenzenden Felsenwand sie durch uns unterrichtet waren, schiefsen wollten.

Der chilenische Photograph war der erste, der ihren heutigen Schlupfwinkel an einem weifsen Punkte in einer der flachen Höhlen der oberen Hälfte des Abhanges zu erkennen meinte und in dieser Richtung abfeuerte. Sofort folgten alle Inhaber von Schiefsgewehren seinem Beispiele. Brüllend hallte das Echo wieder, aber in den finstern Höhlen der Felsenwand, die wohl tausend Meter von uns entfernt sein mochte, war nicht die geringste Veränderung oder Bewegung wahrzunehmen. Erst nachdem das ununterbrochene Feuer in gleich erfolgloser Weise über eine Viertelstunde gedauert hatte, gelang es einem der Engländer, durch einen in der Nähe einschlagenden Schufs die Ziegen aus ihrer Ruhe aufzuscheuchen. Im nächsten Augenblicke schon sah man einen ganzen Körper im Vordergrunde der Höhle und bald nachher zwei mehr, einen gröfseren und einen kleineren, so dafs wir ohne Zweifel dieselbe Familie, deren leichte und gewagte Sprünge wir gestern hier bewunderten, vor uns hatten. Das Interesse der Schützen wurde nun noch lebhafter, und ein jeder von ihnen wollte den Meisterschufs thun.

Während die Aufmerksamkeit der männlichen Passagiere ganz ausschliefslich durch die Ziegen in Anspruch genommen war, die Damen sich zum Ausfluge nach der Robinson-Grotte rüsteten und einige Böte von der Seite des Dampfers fortruderten, um die am Strande harrenden Reisegefährten an Bord zurückzubringen, stürzte auf einmal von der Spitze des sandigen Hügels, dessen ins Meer reichender Fufs den Puerto ingles in zwei ungleiche Hälften trennt, ein Mann herunter und blieb durch einen wunderbaren Zufall auf einem nur wenig vorspringenden Felsen, vielleicht hundert Fufs über dem Meere, wie tot, ausgestreckt, mit dem Gesichte nach unten liegen, ohne dafs das geringste Zeichen von Leben in ihm zu erkennen war.

War dieser Mann heruntergefallen, oder hatte sich eine der unzähligen Kugeln, welche gegen die Felsen abgefeuert wurden, von ungeschickter Hand getrieben so weit nach rechts verirrt und ein Menschenleben vernichtet? Oder hatte gar einer der Schützen des Maipo bei der grofsen Entfernung diesen Mann für eine Ziege angesehen und nach ihm gezielt? Nichts von alledem war im Augenblick mit Bestimmtheit zu entscheiden. Das Einzige stand nur fest, dafs ein Unglück geschehen war und dafs das Feuer sofort eingestellt werden mufste, um den Gefallenen, wenn derselbe noch leben sollte, durch die unaufhörlichen Schüsse nicht zum Tode zu erschrecken, zumal da die Entfernung des Mannes in horizontaler Linie nicht über 200 m von dem Standpunkte der Ziegen betrug. Allmählich gelangte man zu der Erkenntnis, dafs einer der vier Engländer, welche am Morgen von der Cumberland-Bai nach dem Robinsonthale zu Fufs gegangen waren, der Unglückliche sein müsse, da sämtliche Teilnehmer der anderen Partie in der kleinen Bucht des Puerto ingles auf die vom Maipo abgesandten Böte bereits warteten und von den Inselbewohnern dort keiner etwas zu thun hatte. Auf der Stelle erboten sich einige seiner Landsleute, die Matrosen, welche der Kapitän zu dessen Rettung mit Tauen versehen abschicken wollte, zu begleiten, unter ihnen einer der Unternehmer unserer Expedition, Herr Mac-Clelland, der es durch die heldenmütige Aufopferung des eigenen Lebens verdient, dafs sein Name hier genannt wird. Wie hatte sich dieser Fall zugetragen?

Es wurde schon erwähnt, dafs vier Engländer beschlossen hatten, am Ostermorgen früh um vier Uhr vom Koloniethale zu Fufs nach der Robinson-Grotte zu marschieren. Pünktlich hatten sie sich auf den Weg gemacht. Ohne einen anderen Führer als ihren Enthusiasmus erstiegen sie die fast senkrechten Berge der nordöstlichen Küste der Insel in der frischen Morgenluft, und erreichten den Gipfel, ehe die heifsen Strahlen der Sonne ihre Kräfte schwächten. Sie begriffen vollständig, dafs, obwohl sie den mühsamsten Teil des Weges ohne Unfall passiert hatten, ihnen der gefährlichere Teil nach abwärts vorbehalten bleibe. Denn auf demselben handelte es sich nicht allein um die Kräftigkeit der Beine, sondern vielmehr um die Festigkeit des Kopfes, weil die Betrachtung des zu ihren Füfsen gähnenden Abgrundes und der zu ihrer Rechten jäh in das tosende Meer stürzenden Felswände, über welche hinaus der unermefsliche, grenzenlose Ocean im fernen Horizonte sich verlor, leicht in ihnen einen Anfall von Schwindel erzeugen konnte, der sie rettungslos in der schauerlichen Tiefe begraben mufste. Aufserdem raubte ihnen die stark verdünnte Luft der beträchtlichen Höhe die Klarheit der Sinne, deren sie hier mehr als je bedurften, und zwang sie das ungewöhnlich abschüssige Terrain dazu, die Augen davon nicht abzuwenden. Wer zur Seekrankheit Anlage hat, darf das Meer nicht ansehen, sondern mufs, solange er der Küste nahe ist, seine Blicke über das Land schweifen lassen; wer vom Schwindel ergriffen zu werden fürchtet, mufs die ringsherumliegenden Berge oder sonstige seine Aufmerksamkeit von dem Abgrunde ablenkende Gegenstände beschauen, und er wird demselben entgehen. Endlich vermehrte die an dem oberen Teile des Bergabhanges wachsende Teatina, welche den Stiefeln eine aufsergewöhnliche Glätte verleiht und die lose bröckelnde Lavaerde des unteren Teiles die Schwierigkeit des Hinabsteigens um ein Bedeutendes.

Aber mutig schritten sie an das Werk. Der gefährliche Marsch zwang sie, sich zu trennen; je nach ihrer Fähigkeit gingen sie schneller oder langsamer. Nach harter Anstrengung, welche nur diejenigen, die an Ort und Stelle gewesen sind, zu würdigen vermögen, kamen sie alle ohne jeglichen Unfall nach und nach auf der Spitze des letzten Hügels an, an dessen Fufse die erstrebte Robinson-Grotte lag. Drei von ihnen hatten auch den letzten steilsten und sandigsten Abhang bereits überwunden, das Thal erreicht und warteten dort auf ihren vierten Gefährten, Herrn Stokes. Als sie die Schüsse vom Dampfer her in ihrer unmittelbaren Nähe vernahmen, wurden sie unwillkürlich um das Leben ihres Freundes besorgt, der noch nicht angekommen war, und begannen daher den Hügel wieder zu erklimmen und mit Tüchern Zeichen zu geben, das Schiefsen einzustellen, ohne dafs man aber am Bord davon etwas bemerkte.

Stokes war trotz der nicht zu verachtenden Länge seiner Beine zurückgeblieben, weil das fortwährende Abwärtsschreiten ihn über Erwarten erschöpft hatte. Ab und zu schien es ihm, als ob die Sinne sich verwirrten; aber er vermochte jedesmal des Schwindels rechtzeitig Herr zu werden. Da, während er die Abhänge von Sal si puedes zu verlassen sich anschickte, erschreckten ihn die Schüsse der Jagdeiferer und spornten ihn an, den Rest seiner Kräfte aufzubieten, um so schnell als möglich die Ebene zu gewinnen und aus dem Bereich der Kugeln zu kommen. Schon stand er auf dem Gipfel des letzten Hügels. Dieser Augenblick, da er um sich schaute, um sich über den nächsten Pfad zu orientieren, auf dem er den tödlichen Geschossen, welche er in seiner Angst und bei dem donnerähnlichen Wiederhalle des Echos auf sich gerichtet glaubte, entrinnen könnte, dieser Augenblick wurde für ihn verhängnisvoll. Die Besinnung schwand ihm, der Schwindel ergriff ihn mit aller Macht und schleuderte ihn in die Tiefe! Senkrecht, ganz senkrecht fällt dieser Abhang nach der kleinen Bucht des Puerto ingles ab; denn Stokes hatte sich nirgends beschädigt, trotzdem er über 50 m nach unten gerollt war, bis er auf einem nur wenig vorspringenden Felsen ruhig und still liegen blieb, als habe eine Götterhand ihn daselbst festgehalten!

Es war ein schauerlicher Moment für uns, die wir vom Bord aus das Boot verfolgten, in welchem die Matrosen und Herr Mac-Clelland zur Rettung ihres Landsmannes nach dem Lande ruderten. Die drei Gefährten des Unglücklichen hatten mittlerweile den Gipfel des Hügels wieder erstiegen, fanden ihren Freund aber nirgends, weil sie sich nicht getrauten, bis hart an den Rand des Abhanges hinanzutreten. An der Schnelligkeit der Ruderer und den Zeichen, welche diese ihnen machten, erkannten sie, dafs sie in der Rettung ihres Gefährten vom Dampfer aus unterstützt würden und beschlossen, auf demselben Flecke auszuharren.

Schnell trieb das Boot dahin. Herr Mac-Clelland benutzte diese Zeit aufs beste, um bereits einen Plan zur Befreiung seines Freundes zu entwerfen. Sobald sie gelandet waren, eilte er mit drei Matrosen den Hügel hinauf, stellte zwei auf dessen Spitze mit den Schiffstauen auf und stieg mit dem Dritten an der senkrechten Wand in schräger Linie nach unten. In lautloser Stille hingen die Augen aller Passagiere an jeder Bewegung der zwei todesverachtenden Menschen, welche in handgreiflichster Weise das eigene kostbare Leben aufs Spiel setzten, um das eines Mitmenschen zu retten. Wir alle fürchteten nur eine nutzlose Aufopferung statt einer Rettung sich vor uns entrollen zu sehen.

Unendlich langsam schlich die Zeit dahin, bis die beiden Männer sich dem scheinbar Toten genähert hatten. Da standen sie endlich an seiner Seite und überzeugten sich, dafs er lebe und dafs nur der Schrecken vor den Schüssen seine Glieder gelähmt habe. Herr Mac-Clelland sprach ihm Mut ein, noch einige Augenblicke in seiner Lage auszuhalten, trat unterhalb des Felsens, um mit dem eigenen Körper dem Freunde als Stütze zu dienen, während der ihn begleitende Matrose das von den beiden obenstehenden Seeleuten ihm zugeworfene Tau um den Leib des Gefallenen schlang. Wohl zehn lange Minuten vergingen, ehe sie diese harte Arbeit vollendet hatten, da Herr Stokes unfähig war, irgend eine Bewegung aus eigenen Kräften auszuführen und seinen Befreiern das Rettungswerk zu erleichtern. Jetzt war das Seil befestigt, und an ihm zogen die Matrosen den Unglücklichen langsam in die Höhe. Als er gestützt von Mac-Clelland sich in seiner ganzen Leibeslänge hatte emporrichten können, begrüfsten die Passagiere an Bord des Maipo in begeisterten Hurrahs die jetzt gelungene Errettung des Gefallenen.

Der unterbrochene Feldzug gegen die wilden Ziegen wurde nun mit gröfserem Eifer als vorher wieder aufgenommen. Aber den Berggeistern war ihr Opfer entrissen worden; diese Überhebung des Menschen mufste durch Blut gesühnt werden. Doch kein Menschenblut sollte fliefsen: die Geister begnügten sich mit dem eines Tieres, wie es seit den ältesten Zeiten, seit Abraham und Iphigenia der Fall gewesen war. Dem kürzlich erwählten Landtagsabgeordneten für Valparaiso, zu welcher Provinz Juan Fernandez gehört, Herrn Carl Waddington, gelang es, den Meisterschufs zu thun und eine der Ziegen tödlich zu treffen, so dafs sie aus der Höhe heraus in das Meer fiel.

Während ein Boot abgeschickt wurde, um das Sühnopfer einzuholen, kehrten die anderen Böte im Triumphzuge mit sämtlichen an Land befindlichen Passagieren an Bord zurück, wo der Retter mit Hurrahs empfangen wurde. Vor aller Welt umarmte seine Frau den heldenmütigen Gatten und gab ihm mit gerechtem Stolz einen innigen Kufs, als Belohnung für die uneigennützige Aufopferung des eigenen jungen Lebens. Der Corresponsal des „Mercurio" schliefst seinen Bericht über dieses Ereignis mit den treffenden Worten: „Bald nachher wurde der Körper der unglücklichen Ziege auf Deck gebracht, wie um zu beweisen, dafs die Gaben der Geschwindigkeit, der Kraft und der Gewandtheit selbst in den Äufserungen und Zufällen des rein physischen Lebens einen geringeren Wert haben als die schönen moralischen Eigenschaften edler Herzen."

Es war ein stattlicher Ziegenbock, welcher vor uns lag, mit langen weichen Haaren und prächtigen Hörnern, von chokoladenbrauner Farbe, mit weifsen Flecken auf Brust und Leib, welche ihn trotz der grofsen Entfernung verraten hatten. Die Kugel hatte die Brust durchdrungen. Sonst war keine Verletzung am Körper bemerkbar, trotzdem der Ziegenbock von der starren Felswand aus einer Höhe von mindestens 275 m herabgefallen war, welcher Umstand von der Steilheit der Küstenberge das beredteste Zeugnis ablegt.

Durch diesen Zwischenfall waren einige Stunden verstrichen und die nötige Zeit nicht mehr übrig geblieben, um die projektierte Umschiffung der Insel auszuführen. Wir mufsten uns also mit einem kleinen Teile begnügen, der aber hinreichte, uns einen Überblick über die westliche Hälfte von Mas a tierra zu verschaffen. Der Cerro alto, welcher in ähnlicher Weise wie Sal si puedes die Grenzwand zwischen zwei Thälern bildet, nämlich zwischen dem des Puerto ingles und dem der Bahia de la Vaqueria, hat genau das gleiche Aussehen wie der entsprechende östliche Küstenhöhenzug, mit seinen parallel ziehenden Höhlen, in denen ebenso wie dort die Teatina wächst. Von Ziegen konnten wir keine Spur entdecken, obwohl in früheren Jahren in diesen von dem Koloniethale entlegeneren Abhängen, wo die Tiere der Nachstellungen der Inselbewohner weniger ausgesetzt sind, ganze Herden angetroffen wurden.

Die Bahia de la Vaqueria macht einen von den anderen zwei Häfen und Thälern gänzlich abweichenden Eindruck. Die Bucht ist ganz flach und der Eingang zum dahinterliegenden Thale lediglich ein enger, schmaler Einschnitt in die senkrechten Berge der Küste in Form eines Thores. Das Thal selbst, von einem kleinen nie versiegenden Bächlein durchrieselt, ist vielleicht nur halb so grofs als das Robinson-Thal und hat, vom Dampfer aus gesehen, die Form eines Kreisabschnittes, dessen Sekante die Küste ist. Trotz des geringen Flächeninhaltes produziert es eine solche Quantität von Futtergras, dafs, wie geschichtlich verbürgt ist, in diesem kleinen Thale der ganze Viehbestand für die Unterhaltung der Strafkolonie, welche zu Zeiten über 300 Köpfe zählte, eine ausreichende Nahrung hatte; ja, man konnte zu Zeiten noch mehr Vieh, als man nötig hatte, dort weiden lassen und es an die an der Insel anlegenden Walfischjäger oder irgendwelche Kauffahrteischiffe verkaufen. Diese aufsergewöhnliche Fruchtbarkeit findet ihre Erklärung in der dickeren Humusschicht, welche sich in dem Thale nach und nach abgelagert hat, in der höheren Wärmetemperatur, welche sich in dem fast vollständig abgeschlossenen Thale entwickelt und in der gröfseren Feuchtigkeit, die dem Boden hier mehr als in den anderen Thälern erhalten bleibt, so dafs also das von dem Vieh abgefressene Gras unglaublich schnell wieder nachwächst und niemals ein Mangel an Futter fühlbar wird. Einer Beaufsichtigung bedürfen die Herden in diesem natürlichen Thalkessel garnicht, da die ihn einschliefsenden Berge sehr schroff zu beträchtlicher Höhe emporsteigen und dem Vieh einen sicheren Wall entgegensetzen. Die Abhänge sind besonders an der westlichen Seite nur zum geringen Teile mit Wald bedeckt.

Wir befinden uns bereits hart an der Scheidewand der unfruchtbaren Hälfte von Juan Fernandez, welche mit dem Vorgebirge Punta Viudo beginnt, auf dessen steiler Spitze ein trostloser Witwer den Verlust seiner Lebensgenossin für einige Zeit beweint haben soll.

Von da aus streicht die Küste in ziemlich gleichmäfsiger Formation scheinbar in wenig von der geraden Linie abweichender Richtung nach Westen. Die Abhänge derselben sind ohne Ausnahme steil und von jeder Vegetation entblöfst. Die Berge nehmen allmählich an Höhe nach dem Westen zu ab, an der nördlichen Seite nur vereinzelt eine unbedeutende Bergspitze bildend, so dafs der ganze Bergzug wie ein kompakter Kamm aussieht. Verschiedene Reisende haben die Insel von dieser Hälfte aus betrachtend übereinstimmend mit einem riesigen Reptil verglichen, dessen Vorderfüfse in der Bahia de la Vaqueria und dem Puerto frances ins Meer reichen, während der gewaltige Kopf in Yunque sich in die Höhe bäumt und der Rücken und Schwanz in dem westlichen abflachenden Teile der Insel verläuft. Die Farbe der Gesteinmassen hier ist ein bräunliches Gelb, welches zu der dunklen Färbung der bewaldeten Berge der östlichen höheren Hälfte einen scharfen Kontrast bildet.

Wir fuhren etwa bis zur Höhe der Bahia de la Fé und schlugen dann die Richtung nach Nordosten ein, um den Heimweg nach Valparaiso anzutreten.

Das Meer war ruhig und bewahrte selbst in der größeren Entfernung von der Küste, in der wir uns bereits befanden, sein wunderbares Blau, das bald in die gewöhnliche graugrüne Farbe übergehen sollte. Der Mittag war herangekommen, und erst jetzt setzten wir uns zum Frühstück nieder. Der große Speisesaal vermochte kaum die Passagiere zu fassen, die heute in voller Anzahl Platz genommen hatten und mit bestem Appetite und in fröhlichster Laune die langen Tafeln füllten. Lustig ging die Rede hin und her; des Abenteuers des heutigen Ostermorgens, der Insel und der schönen dort verlebten Stunden wurde gedacht.

Als wir wieder auf das Deck hinaufstiegen, lachte uns der herrliche Sonnenschein entgegen und vergoldete am fernen Horizonte die Insel, auf der unsere Blicke, solange sie sichtbar war, ruhten. Selkirk hat nach den eigenen Berichten und denen seiner Zeitgenossen sein Paradies schweren Herzens verlassen, als ihn Kapitän Rogers nach dem mehr als vierjährigen Aufenthalte demselben entriß. Wie oft mag er sehnsüchtig von dem Hinterdecke aus nach dem hohen Yunque hinübergeblickt haben, in dessen Nähe er jeden Tag Ausschau gehalten hatte. Wie manches Mal wird er in seine alte Melancholie verfallen sein, wenn er der süßen Einsamkeit auf dem kleinen Eilande gedachte, das er nunmehr wieder mit dem gewöhnlichen Schiffsleben vertauscht hatte!

Diese melancholische Stimmung Selkirk's war übrigens nicht bloß eine persönliche Eigentümlichkeit seines Charakters, sondern ihm ohne Frage in seiner Eigenschaft als Schotte angeboren gewesen. Nämlich sowohl die Schotten als die anderen Völker des Nordens Europa's, wie die Norweger, zeichnen sich vor den übrigen durch ihren düsteren, trüben Sinn aus, welche Erscheinung in dem ganzen nationalen Leben derselben und ihren großartigen, aber spärlich bewohnten, ihren erhabenen, aber öden und verlassenen Landschaften, in den langen schaurigen Wintern, wo aller gesellschaftliche Austausch der Menschen durch die Härte des Klimas unmöglich ist und in dem wilden tobenden Meere, das überall das Land bespült, ihre natürliche Erklärung findet.

Als Kind seines heimatlichen Bodens steht der Mensch mit der ihn umgebenden Natur in innigstem Zusammenhange für sein Leben lang und trägt deren Stempel im Geist und auf dem Körper unverwischbar bis an sein Ende, auch wenn er zeitweilig bei Veränderung seines Wohnortes und seiner Lebensweise sich diesem Einflusse hat entziehen können. So erging es Selkirk. Auf Juan Fernandez war er trotz seiner Einsamkeit durch die Umgebung einer gewaltigen Natur der Melancholie Herr geworden. Aber als er nach den langen Beutezügen der folgenden Jahre der engen Sphäre des väterlichen Hauses und dem Umgange mit seinen Landsleuten wieder zurückgegeben war, geriet er aufs neue in den alten Bann der Melancholie hinein, aus der er ferner sich nicht mehr befreien sollte! —

Die verschiedenen Färbungen der Insel waren inzwischen in gleichmäfsiges Blaugrau übergegangen; aber immer noch standen verschiedene Gruppen der Passagiere auf dem Deck zusammen und schauten nach derselben hin. Alle waren mit der Reise zufrieden, trotzdem sie nur wenige Stunden auf der Insel selbst verweilt hatten. Aufserdem hatte der Ausflug allen Teilnehmern Erholung gebracht und die kräftige, reine Luft sie samt und sonders in solcher Weise gestärkt, dafs auf der Rückfahrt nicht ein einziges Mitglied, selbst nicht die Damen und Mädchen, von der Seekrankheit befallen wurde, was natürlich das Vergnügen der Heimreise um ein Bedeutendes erhöhte, obwohl der Wind wieder heftig wehte, was auf dieser Meereshöhe fast immer der Fall ist.

Die Zeit des Diners versammelte gleichfalls die sämtlichen Passagiere im Speisesaale. Länger als sonst safsen wir heute bei Tische. Es galt in würdiger Weise das Osterfest und zugleich die heldenmütige Aufopferung des Herrn Mac-Clelland zu feiern. In seemännisch kurzer, aber herzlicher Rede widmete Kapitän Stewart den Passagieren das erste Glas Champagner, indem er seine Freude über den befriedigenden Verlauf der Reise zum Ausdruck brachte und den Wunsch aussprach, dafs es ihm vergönnt sein möchte, noch öfters auf dem engen Raume seines Schiffes eine gleich einmütige, gleich frohe Gesellschaft versammelt zu sehen. Das zweite Glas leerten wir auf das Wohl des Erretters des Gefallenen, das dritte allgemeine Glas auf die Gesundheit unseres liebenswürdigen Kapitäns u. s. w.

Nach Aufhebung der Tafel wurde musiziert, gespielt und getanzt, und bis in die späte Nacht hinein genossen wir den herrlichen gemütlichen Gesellschaftsabend, der einen schönen Abschlufs zu der Reise nach der Robinson-Insel bildete und allen Teilnehmern an derselben ebenso wie diese selbst unvergefslich in Erinnerung bleiben wird.

Der Rest der Fahrt bot nichts Besonderes mehr. Am nächsten Nachmittage wurden die Sachen gepackt, und schon gegen Abend kamen die Lichter der Küste von Valparaiso in Sicht, in dessen Hafen wir gegen 8 Uhr einliefen.

Mas Afuera.

Ehe ich mit einigen Betrachtungen über die Art und Weise, wie die Inselgruppe Mas a tierra verwaltet werden müfste, damit die daselbst verborgenen Schätze in vollstem Umfange zur Verwertung gelangen können, das vorliegende Buch schliefse, soll noch mit wenigen Worten der Schwesterinsel Mas Afuera, deren Entdeckung dem Juan Fernandez gleichfalls zugeschrieben wird, gedacht werden. Sie liegt 92 Seemeilen entfernt von Mas a tierra, nach Osten zu und kann von dieser aus selbst bei klarem Wetter nicht gesehen werden. Sie ist nur drei Leguas lang und eine breit, also bei weitem kleiner als Juan Fernandez, der sie in Produkten und Klima gleicht.

Die Küsten fallen mit derselben Steilheit in das immer tosende Meer, aber nicht ein einziger Hafen, noch ein einziges Thal gewähren dem dort anlegenden Schiffe einen Ruheplatz und dem Schiffer oder Reisenden die Möglichkeit, ohne Gefahr des Lebens das wunderbare Inselchen zu betreten. Denn die gütige Natur hat auch hier ihr reiches Füllhorn geöffnet und mit freigebiger Hand diesen kleinen Erdenfleck gesegnet, so dafs die wenigen Menschen, welche das Wagnis, festen Boden zu erreichen glücklich überstanden hatten, die Erhabenheit der landschaftlichen Scenerieen nicht genug zu rühmen vermögen. Die Insel scheint nichts anderes als die gewaltige Basis für ihren höchsten Berg zu sein, dessen immer mit Schnee bedeckter Gipfel sich zur doppelten Höhe des Yunque, über 6000 Fufs, erhebt und bei der geringen Ausdehnung des Eilandes von der Ferne aus gesehen einen so grofsartigen Eindruck in dem Beschauer hervorruft, wie ihn andere höhere Bergriesen in gleichem Mafse nicht leicht hervorzurufen imstande sind. Der berühmte argentinische Schriftsteller Domingo Faustino Sarmiento, welcher im Jahre 1845 die Insel besuchte, giebt uns in den folgenden Worten eine glänzende Beschreibung der dortigen Naturwunder, welche, wie spätere autorisierte Stimmen bezeugen, durchaus nicht übertrieben sind; sie lauten:

„Wie viele Male verharrte ich während einer Viertelstunde mit einem Fuße festgestemmt auf der Spitze eines Felsens, mit einer Hand mich an die Wurzeln der oberhalb von mir wachsenden Gräser anklammernd, vom Schrecken gepackt, das Gesicht unbeweglich auf das dunkle Thal gerichtet, das ich tausend Ellen senkrecht unter meinen Fußsohlen liegend erschaute! Dort an verschiedenen Stellen und in verschiedenen Richtungen weideten Hunderte von Ziegen in der friedlichsten Weise. Gegenüber ein majestätischer Berg, von dessen in Wolken eingehüllter Spitze in der Länge von einer Seemeile ein Wasserfall herabstürzte, der in der Sonne wie Silber glänzte. Dichte Büsche einer strauchartigen Palme polsterten die düsteren und feuchten Schluchten aus, während Baumgruppen, mit pittoresker Mannigfaltigkeit schattiert, ihre abgerundeten Kronen bis auf den Grund des Thales hinunter, in den tausendfachen Terrassen der Berge entfalteten. Die Natur hat hier in einer winzigen Ausdehnung alle die kühnen Schöpfungen, welche sie in den Anden oder in den Alpen hervorgerufen hat, zur Schau gestellt und zwischen Thalabhängen, deren Seitenwände man mit den beiden Händen berühren zu können meint, undurchdringliche Wälder, elegante Baumformen, entzückende Wiesengefilde, gähnende Abgründe und überraschend schöne Aussichten eingeschlossen!"

Wegen der Unzugänglichkeit der Küsten erklärt es sich, daß sich daselbst zu allen Zeiten die Seehunde in staunenswerter Menge vermehrt haben und selbst heutigen Tages trotz der systematischen Verfolgungen seit dem Anfange dieses Jahrhunderts noch in zahlreichen Scharen anzutreffen sind. Aus demselben Grunde haben die Ziegen, welche einer der Gouverneure als Grundstock für eine zu bildende Kolonie, von Juan Fernandez aus, nach dem einsameren Eilande von Mas Afuera zugleich mit einigen Sträflingen abgeschickt hatte, sich bedeutend vervielfältigt, so daß der oben angeführte Schriftsteller Sarmiento im ersten Augenblick des Betretens der Insel ihre Zahl auf 50 000 Köpfe schätzte, während sie in Wirklichkeit nur 500 betragen mochte.

Die schnelle Vermehrung der Ziegen wird nämlich beeinträchtigt durch einen gefräßigen Raubvogel, den die Einwohner von Juan Fernandez „Aguilucho" nennen und der die Eigentümlichkeit besitzt, daß er nur von dem zarten Fleische der neugebornen Ziegen leben will und ihnen daher unbarmherzig nachstellt. Auf welche Weise und von woher dieser Raubvogel auf die ferne Insel gekommen ist, hat noch nicht aufgeklärt werden können, da er einzig und allein auf Mas Afuera einheimisch und seit Menschengedenken in Mas a tierra niemals gesehen worden ist.

Den Seefahrern hat die Insel zu allen Zeiten viel Verderben gebracht, indem unzählige Schiffe an den Klippen und Felsen des ewig stürmischen Meeres, welches sie umbraust, gescheitert sind. Nur in seltenen Fällen haben die Schiffbrüchigen das Glück gehabt, sich an Land zu retten und in noch selteneren Fällen sind sie von anderen Fahrzeugen aus ihrer traurigen Lage befreit worden.

Sarmiento fand daselbst drei Nordamerikaner wohnen und bestieg in ihrer Begleitung die Berge; aber alle drei lebten miteinander in Streit und an drei weit voneinander entfernten Stellen, zum unumstöfslichen Beweise der instinktmäfsigen Feindseligkeit und Unbrüderlichkeit, welche von Erschaffung der Welt an der Mensch gegen den Menschen an den Tag gelegt hat.

Heute wird die Insel nur von Ziegen und Seehunden bewohnt, da die Ansiedlungsversuche, deren letzter erst aus dem Jahre 1867 datiert, ein ungünstiges Resultat ergeben haben und auch spätere Versuche, abgesehen von dem geschworenen und furchtbaren Feinde der Ziegen und Schafe, welche sonst mit Erfolg daselbst gediehen würden, an der vollständigen Unwegsamkeit des in allen Punkten ausnahmslos steilen Bodens scheitern werden, weil die enormen Ausgaben für die Herstellung bequemer Wege von dem zu erzielenden Ertrage der Viehzucht nicht aufgewogen werden könnten.

Daher also wird Mas Afuera für die Zukunft allein die traurige Bestimmung haben, als ein in Wolken eingehüllter, schauriger Felsen dazustehen, dessen Nähe die Seefahrer soviel als möglich vermeiden werden!

Schluſs.

Die Bedeutung von Juan Fernandez für Chile.

In jeder Beziehung begünstigter als Mas Afuera ist ihre näher am Festlande gelegene Schwesterinsel Mas a tierra. Freilich hat sie weder in den vergangenen Jahrhunderten unter der Herrschaft der Spanier, noch in diesem unter der Chile's den Eigentümern denjenigen Nutzen gebracht, den sie bei richtiger Verwaltung und praktischer Ausbeutung ihrer natürlichen Schätze hätte bringen müssen. Aber das ist nicht ihre Schuld, welche lediglich auf Kosten der betreffenden Staaten kommt, denen sie angehört hat und angehört. Wie wenig die Spanier ihren Wert erfaſsten, und daſs sie keine bessere Verwendung des gesegneten Insellandes kannten als die zu einer Strafkolonie politischer und gemeiner Verbrecher, nachdem sie diesen Teil ihrer Besitzungen erst gänzlich vernachlässigt hatten, darüber ist im ersten Teile des Buches, in der Geschichte der Insel, gehandelt und dort auch nachgewiesen worden, daſs die Chilenen, als Nachkommen der Spanier, die Fahrlässigkeit ihrer Väter geerbt hatten.

Denn sie verstanden in den ersten Dezennien nach ihrer Unabhängigkeitserklärung vom Mutterlande nichts Besseres, als die Insel zum verschärften Gefängnisse für einfluſsreiche und unbequeme Bürger zu machen, und in der gegenwärtigen Zeit nichts Passenderes, als den Weideplatz der Ebenen für einige Thaler zu verpachten, welche kleinliche Summe die Einnahmen der Republik um nichts mehr bereichern kann, als die Bächlein von Juan Fernandez den Ocean bereichern!

An guten Ratgebern hat es nicht gefehlt. Schon im Jahre 1883 hatte der populäre Schriftsteller Benjamin Vicuña Mackenna an dem Schlusse seines ausführlichen Werkes über die Insel mit richtiger Erkenntnis in klaren Worten auf den falschen Weg hingewiesen, und in der

Tafel 12. zu Seite 116.

Die Cumberland-Bai und der vordere Theil des Koloniethales auf Juan Fernandez.

ersten Hälfte des Jahres 1885 hatte der Corresponsal der wichtigsten chilenischen Zeitung „El Mercurio" teils in deren Spalten, teils in separat gedruckter Abhandlung den richtigen Weg in nicht zu fehlender Deutlichkeit für die Regierung gezeichnet.

In den unserer Reise folgenden Monaten schien der frische Eindruck, welchen deren Teilnehmer, unter ihnen auch der Abgeordnete der Provinz Valparaiso, von Ort und Stelle nach dem Festlande mitbrachten, die ausgestreute Saat endlich zum gedeihlichen Wachstume zu entfalten. Aber das prasselnde Strohfeuer des ersten Augenblickes ist bereits bis auf den letzten glühenden Funken wieder erloschen.

Der Kontrakt des Herrn von Rodt ist im April 1885 abgelaufen, ohne daſs bis zum heutigen Tage weder zur Erneuerung desselben, noch zum Studium einer Veränderung in der Behandlung der Insel ein einziger Schritt gethan worden wäre! Erst wenn Angehörige irgend einer europäischen Nation die Ausbeutung von Juan Fernandez mit den nötigen Kapitalien in Angriff genommen haben werden, erst dann wird das Morgenrot für dieses gesegnete Land anbrechen!

Für die vollständige Ausbeutung der Insel kommt in erster Linie die Verwandlung derselben in einen Bade- und Luftkurort in Betracht. Wie wir sofort sehen werden, würde die Ausführung nur geringe Schwierigkeiten darbieten, aber für Chile im allgemeinen sehr segensreich sein. Trotz seiner langgestreckten Küste besitzt diese Republik nur eine kleine Anzahl teils zu kostspieliger, teils zu schlecht eingerichteter oder unvorteilhaft gelegener Seebäder. Ferner ist die Temperatur des Meeres an der Küste anläſslich des von Süden nach Norden zu streichenden kalten Stromes für einen groſsen Teil der Bevölkerung zu niedrig, die sich also entweder auf warme Seebäder beschränken oder sich derselben ganz entsagen muſs. Auch ist die örtliche Beschaffenheit von vielleicht nur einem einzigen der existierenden Badeorte derart, daſs er zugleich den Bedürfnissen eines Luftkurortes entsprechen könnte, welche in Chile ebenso stark als anderweitig auf der Welt gefühlt werden. Schlieſslich liegen einige der besuchtesten Seebäder Chile's an der toten, vegetations- und regenlosen nördlichen Küste und sind von so unerträglicher Hitze heimgesucht, daſs die Besucher während der Tagesstunden meistens auf die Zimmer angewiesen sind. Andere und viel frequentierte Badeorte befinden sich im kälteren und feuchteren Süden, welcher nur für eine ganz kurze und späte Zeit des Sommers besucht werden kann, und auch selbst während dieser wenigen Wochen verleiden eine Menge kalter und regnerischer Tage den Aufenthalt. Wie wir bereits gesehen haben, bietet Juan Fernandez alle Vorteile dar, wie sie von einem guten Seebade und Luftkurorte verlangt werden. Als Sammelplatz für Kranke aller Art, für

Badelustige und Naturfreunde, würde die Insel durch die Reinheit von Luft und Meer, durch die medicinischen Bestandteile der Wasserläufe, durch die aufserordentliche Kraft der dortigen Nahrungsmittel, durch die Wärme des Meeres, durch das beständig milde Klima und den heiteren Himmel, durch die hohen und dichtbewachsenen Berge und durch die grofsartigen Panoramen in kürzerer Zeit einen gröfseren Ruf erlangen, als ihn heute die berühmtesten Gesundheitsplätze und Badeorte Süd-Amerika's geniefsen. Die neue Stadt müfste in der weiten Ebene des Koloniethales an die niedrigen Bodenerhebungen der Mitte desselben sich anlehnend erbaut werden, womit, da die Materialien, welche die Insel selbst liefert, teils Steine teils Holz dazu verwandt werden könnten, keine Schwierigkeit verbunden wäre. Der Berg, auf dessen Rücken einst die stolze Festung thronte und an dessen Abhang die Löcher für die Gefangenen eingegraben sind, eignet sich am besten für ein imposantes Kurhaus, welcher frei erhabene Standpunkt eine herrliche Aussicht über das üppige Thal, das weite blaue Meer und die bewaldeten Berge eröffnen würde. Mit geringen Kosten liefse sich ein frischer Wasserquell des Hauptbaches am Kurhaus vorbeileiten und daselbst für die schwersten Kranken, welche sich auf den eigenen Füfsen nicht fortbewegen könnten, ein bequemes Bad herstellen. Gegen die Heftigkeit der Windstöfse, welche in den Abendstunden über das Meer hinbrausen, müfste im Hintergrunde ein Wald zum Schutze der neuen Stadt angepflanzt werden. Der einzige Nachteil für diese liegt in der verhältnismäfsig grofsen Entfernung vom Festlande, und hat Herr Rowsell in einem Briefe an Vicuña Mackenna sehr recht, wenn er sagt: „Wenn Juan Fernandez nur 60 statt 360 Seemeilen von Valparaiso entfernt wäre, würde die Insel die Königin aller Badeorte der Küste des grofsen Oceans sein." Aber mit einigem Komfort ausgestattete, grofse und schnelle Passagierdampfer, welche regelmäfsige und in der lebhaftesten Saison tägliche Fahrten unternehmen müfsten, würden die Überfahrt wenig fühlbar machen.

Auf solche Weise würde die Anlage des Bade- und Luftkurortes als humane Anstalt gesegnet, aber auch als finanzielle Spekulation gesichert sein. Die landschaftliche Schönheit der Insel würde zur Genüge Reisend und Neugierige herbeilocken; denn schwerlich dürfte auf der ganze. Welt ein Ort gefunden werden, der so viele und so verschiedenseitige Reize auf einem kleineren Flecke als Juan Fernandez darböte. So wenigstens haben sich berühmte italienische Reisende geäufsert, welche die Insel eingehend betrachtet hatten und als Angehörige dieser Nation wohl als vortreffliche Richter über landschaftliche Schönheiten angesehen werden können. Die Urteile der Engländer bewegen sich begreiflicherweise in den höchsten Ausdrücken, welche der Sprache zur Verfügung stehen; wäre die Insel selbst ein trauriger, öder Felsen, den heute die Vorbeifahrenden nur mit mitleidigen Augen anblickten, für die Söhne Albion's würde sie doch ein Heiligtum sein, weil Selkirk-Robinson dort gewohnt und Lord Anson daselbst geweilt hat. Auch die schönen Worte desselben Herrn Rowsell, welche er als Künstler gesprochen hat, müssen hier ihren Platz finden: „Der Anblick auf die Insel aus der Entfernung von einigen zehn Seemeilen mit ihren von der untergehenden Sonne beleuchteten Bergspitzen und Felsen war bezaubernd schön und des Pinsels des berühmtesten Landschaftsmalers würdig. Es schien, als sähe man eine jener phantastischen Scenen aus dem Feeenlande vor sich, wie sie in den „Panoramen" in England dargestellt werden. Als ich dann an Land war, hörte ich nicht auf, die Herrlichkeiten der Insel und die launischen Formen ihrer Berge anzustaunen, die immer von dem gewaltigen Yunque beherrscht werden, der, weil er die Cordillera de los Andes nicht an seiner Seite hat, um an seiner Höhe einzubüfsen, als ein wirklicher Riese erscheint."

Nicht minder grofse Vorteile könnte Juan Fernandez in **wirtschaftlicher Beziehung** darbieten.

Der Hauptzweig der Ausbeutung ist gegenwärtig der **Fischfang** und wird es auch für die Zukunft bleiben müssen. Wunderbarerweise wird derselbe in Chile, trotz seiner mehr als 500 Seemeilen langen Küste, im höchsten Grade vernachlässigt, so dafs sich nur wenige Boote mit der Fischerei beschäftigen, obwohl die Chilenen die Süfswasserfische, welche in grofsen Mengen an den Markt gebracht werden, recht gern essen und wegen der vielen von der katholischen Religion vorgeschriebenen Fastentage zu dieser Speise gezwungen werden. Wenn also die erstaunlichen Reichtümer, welche die Meere von Mas a tierra und Mas Afuera in ihrem Schofse bergen, in passender Weise ausgebeutet und regelmäfsig durch Dampfschiffe nach den Küstenplätzen zum Verkauf gebracht würden, würde man sofort sehen, dafs der Fischfang in der Nähe dieser Insel ein überaus lohnendes Geschäft ist. Schuld an dieser Vernachlässigung war allerdings bisher das Fehlen einer sicheren, regelmäfsigen und schnellen Verbindung der Inseln mit dem Festlande. Herr von Rodt verfügte nur über zwei kleine Segelschiffe, welche im Laufe des Jahres bei der ungünstigen Windrichtung unglücklicherweise wenige Fahrten unternehmen, also bisher nur wenige Fischer auf den Inseln beschäftigen konnten. Eine grofse Menge von efsbaren Fischen aller Art bevölkert die Gewässer von Juan Fernandez; unter ihnen hauptsächlich der Bacalao (Stockfisch). Die Bänke, welche derselbe auf dem Grunde des Oceans anfänglich allein in beträchtlichem Abstande von der Insel inne hatte, haben sich, wie früher berichtet wurde, bis an die Küsten der Insel bereits ausgebreitet und würden, selbst in weitem Mafsstabe gefangen, Vorrat für Jahrhunderte hindurch liefern. Nicht nur liefse sich der Bedarf für das eigene Land mit Leichtigkeit decken, sondern eine lebhafte Ausfuhr nach allen Teilen der Welt ins Werk setzen, welche die Einnahmen Chile's um eine beträchtliche Summe vermehren würden. Statt dessen aber importiert man den Bacalao und bezahlte an Zollabgaben in den letzten zehn Jahren, von 1875 bis 1884, die hohe Ziffer von 110 710 chilenischen Thalern, von denen über zwei Drittel auf aus Deutschland eingeführte Ware kommen. Für das hiesige Land, dessen Bevölkerung an Erkältungen, Husten und Lungenentzündungen am meisten leidet, wäre der Genufs des frischen Fisches ein viel vorteilhafterer und viel billigerer, als wenn man ihn vom Auslande her bezieht. Von der Wichtigkeit dieses Nahrungs- und Arzneimittels für die leidende Menschheit legt das beredteste Zeugnis der Umstand ab, dafs wegen der Stockfischfischerei auf den Bänken von Terranova fast ein Krieg zwischen England und Nordamerika ausgebrochen wäre. Ob nun der chilenische Bacalao denselben reichen medicinischen Gehalt wie der des Atlantischen Oceans in sich schliefst, ist meines Wissens noch nicht wissenschaftlich festgestellt, von der allgemeinen Überzeugung aber hier als unumstöfsliche Wahrheit seit langer Zeit angenommen worden.

Auch der Fang des einzigen Schalentieres der Insel, der Langostas, würde ein lohnendes Unternehmen sein. Trotzdem sie in Mas a tierra enorm zahlreich sind, wovon die Beweise im zweiten Teile gleichfalls ausführlich geliefert worden sind, so wurden dennoch während des Jahrzehntes von 1875 bis 1884 für importierte eingemachte Hummer an Zollgebühren rund 200 000 Thaler bezahlt, so dafs also dieses Nahrungsmittel und Leckerbissen in noch gröfseren Quantitäten als der Bacalao vom Auslande bezogen wird.

In achtloser Weise verschmäht man es hier, aus der Quelle des eigenen Landes, welche die freigebige Natur so reichlich hat strömen lassen, zu schöpfen und wendet sich an fremde Länder, denen man lieber geben als von ihnen nehmen sollte. Und mit wie leichten Mitteln kann man diese Meeresprodukte in Juan Fernandez ausbeuten und verwerten!

An einen regelrechten Fang der Seehunde ist vorläufig nicht zu denken, da diese Tiere eher des Schutzes der Regierung bedürfen. Selbst wenn die Insel von einer zahlreichen Kolonie bewohnt wäre, blieben genügend einsame Stellen an der südlichen Seite für die Seehunde übrig, wo sie sich vermehren und in der späteren Zeit ein wichtiges Handelselement bilden könnten.

Was die Reichtümer des Bodens der Insel selbst anbetrifft, so genügt für ihre Würdigung in wirtschaftlicher Beziehung eine einfache Aufzählung aller der zu gewinnenden Produkte vollständig: Bau- und Brennholz, die Rinde der Chontas, der Sandalo, Holzkohlen, womit Herr von Rodt in den ersten Jahren seiner Pachtzeit einen lohnenden Anfang gemacht hatte; allerlei Sorten von Obst, da die hier gewonnenen Früchte ebenso wie das dortige Gemüse einen besseren Geschmack als dieselben Erzeugnisse des Festlandes haben; Seeschwämme, wenngleich die hier gefundene Art keine feine, aber doch brauchbare Gattung repräsentiert u. s. w. Ob der Getreidebau und die Anpflanzung von Weinsorten auf der Insel sich der Mühe verlohnen könnte, ist in der Praxis noch nicht festgestellt worden; allein die klimatischen Verhältnisse von Juan Fernandez berechtigen zu der Annahme, daſs auch in diesen Zweigen der Volkswirtschaft etwas Vorzügliches produziert werden würde. Hinsichtlich der Viehzucht sind die Bedingungen der Insel bei weitem günstiger als die des festen Landes, wo das auf den groſsen freien Weideplätzen überwinternde Vieh durch Mangel an Nahrung, durch Kälte und Regen viel zu leiden hat, also in seinem Gedeihen aufgehalten werden muſs, während die gleichmäſsig milde Temperatur von Juan Fernandez demselben nach allen Richtungen hin Vorschub leistet. Von den Einhufern gedeihen Pferd und Esel hierselbst vorzüglich, wie die Erfahrung gezeigt hat; von den Zweihufern alle Gattungen besser als auf dem Festlande, worüber früher berichtet wurde. Auch Llamas und Vicuñas könnten mit Erfolg hier einheimisch gemacht werden. Trotz ihrer geringen Ausdehnung ist die Insel imstande, eine beträchtliche Anzahl von Haustieren mit ausreichendem Futter zu versorgen, weil das Gras bei dem täglichen Regen schnell wächst und bei der milderen Witterung weder im Sommer von der Sonnenglut versengt, noch im Winter von der Kälte vernichtet wird.

Ob die Berge kostbare Mineralien enthalten, ist noch nicht genügend untersucht worden und die Aufklärung darüber der Zukunft vorbehalten.

Ebensowenig wie Spanier und Chilenen den wirtschaftlichen Wert von Juan Fernandez erfaſsten, haben sie die **strategische Wichtigkeit** der Insel auszunützen verstanden.

Die ersteren behandelten sie, wie wir im ersten Teile dieses Buches sahen, von Anfang an als einen nutzlosen Felsen, geradeso wie Robinson der Jüngere den beim Ausgraben gefundenen Goldklumpen verächtlich an die Seite wirft, bis ihm später die Augen über den Nutzen des Fundes geöffnet wurden. Den Spaniern öffnete der scharfe Blick und das klare Wort von Lord Anson die Augen über den Wert des fernen Eilandes, aber leider nicht das Verständnis für seine politische und strategische Bedeutung. Es schien ihnen zu genügen, auf erhabenen Punkten der drei Thäler einige alte Kanonen aufzupflanzen, welche im Falle eines Angriffes die Verteidiger mehr als die Angreifer bedroht haben würden. Wenn

England ernstlich gewollt hätte, es würde trotz der für die damalige Zeit enormen Entfernung von seinen europäischen Waffenplätzen und den für die aussegelnden Schiffe damit verbundenen Schwierigkeiten die Inseln erobert und jedenfalls für immer behauptet haben. Von diesem Stützpunkte aus wären sie erfolgreich nach dem festen Lande vorgedrungen.

Die chilenische Regierung vernachlässigte später ebenso wie die spanische die Insel, welche wie ein vorgeschobener Wachtposten von Chile im Meere ruht und als solcher demnach mit der höchsten Aufmerksamkeit hätte behandelt werden sollen. Selbst als im Jahre 1837 während des Krieges zwischen Peru und Chile die feindlichen Kriegsschiffe vor Juan Fernandez erschienen und den daselbst schmachtenden Gefangenen die Freiheit erteilten, kam keiner auf den Gedanken, daſs es doch einmal einer Nation einfallen möchte, die Insel als Kriegsbeute ganz für sich zu behalten und von hier aus das benachbarte Festland zu beunruhigen, oder dessen Handel vollständig lahm zu legen. Die Regierung hob freilich das Staatsgefängnis daselbst auf, that aber weder in wirtschaftlicher, noch in strategischer Beziehung etwas anderes für die Insel, als daſs sie dieselbe verpachtete, wobei wieder nicht die Söhne des Landes, sondern die Angehörigen fremder Staaten berücksichtigt wurden. Leicht hätten aus solchem Verhältnisse unangenehme und folgenschwere Verwicklungen mit der betreffenden europäischen Macht entspringen können. Auf diese Gefahr wies der bereits erwähnte Minister Reujifo in seinem offiziellen Berichte über die Reise nach Mas a tierra in patriotischer Wärme und mit vorurteilsfreiem Blicke, aber leider vergeblich hin, indem sein Bericht ad acta gelegt wurde. So ist es bis zum heutigen Tage geblieben, und auch die warnenden Stimmen von Vicuña Mackenna und des Corresponsals des „Mercurio" sind ungehört verhallt. Besonders hat es sich der letztere angelegen sein lassen, der chilenischen Regierung die Arbeit des Nachdenkens zu ersparen und ihr klar und deutlich zu sagen, was gethan werden und welcher praktische Nutzen für den ganzen Staat aus der Befolgung seiner Ratschläge entsprieſsen müsse.

Ohne Zweifel sollte die Insel in eine Festung verwandelt werden, was einerseits das Gedeihen des Badeortes nicht beeinträchtigen und andererseits auf keine Hindernisse in der Ausführung stoſsen würde. Ganz leicht läſst sich der Haupthafen: die Cumberland-Bai durch aufgestellte Batterieen auf den beiden die Bucht begrenzenden äuſsersten Felsenabhängen gegen das Eindringen feindlicher Schiffe schützen, welche auch diesen Batterieen ihrer beträchtlichen Höhe wegen keinen Schaden zuzufügen imstande wären. Eine Landung des Feindes in Puerto ingles oder frances wäre durch einige hier aufgepflanzte Kanonen vollständig zu verhindern, obwohl von diesen Seiten aus ein Heer schwerlich einen Angriff auf das wichtige Kolonielhal unternehmen dürfte.

Während eines Krieges würde der geräumige Hafen der Cumberland-Bai den chilenischen Schiffen als passender Zufluchtsort dienen, von dem aus sie die feindlichen Fahrzeuge, gleichviel ob diese längs der Küste kreuzten oder irgend einen der wichtigen Häfen des Landes blockierten, mit Nachdruck beunruhigen und in Schach halten könnten.

Aber auch während des Friedens würde Juan Fernandez als Festung und Flottenstation einen nicht genug zu schätzenden Vorzug vor den übrigen Häfen des Landes gewähren. Zunächst für die mannigfaltigen Übungen, wie sie die modernen Kriegsschiffe machen müssen und welche die Unbewohntheit der Insel in jeder Weise begünstigt. Ferner für die Überwinterung sämtlicher aufser Dienst gestellter Kriegsfahrzeuge, besonders der Panzerschiffe, welche nur in dem einzigen Hafen von Coquimbo gegen die verheerenden Nordstürme gesichert sind. Hierbei fällt auch die Erhaltung der Gesundheit der Mannschaften in die Wagschale, welche in den grofsen volks- und lasterreichen Hafenstädten von allerlei Gefahren bedroht wird.

Selbst die so plötzlich eintretenden Stürme auf Juan Fernandez wären in den Kreis der Vorteile zu ziehen, indem sie die Seeleute zur Wachsamkeit und Vorsicht zwingen und sie vor einem trägen Leben bewahren würden.

Ganz besonders — und das ist der wichtigste Punkt — eignet sich Mas a tierra für eine Seemannsschule, welche bisher nirgends in Chile besteht und die an keinem Platze besser als hier angelegt werden könnte. Den Mangel einer solchen fühlte man namentlich in dem letzten Kriege zwischen Chile und Peru, welcher im Jahre 1879 erklärt wurde. Die Kriegsschiffe befanden sich beim Beginne der Feindseligkeiten zum gröfsten Teile ohne die nötigen Bemannungen, weil man in Chile nie an die ernste Möglichkeit eines Konfliktes gedacht hatte. Die Rekrutierung von passenden Seeleuten war äufserst schwierig, da, wie schon bemerkt wurde, der Fischfang an der ganzen Küste darniederliegt und die Schiffahrt zwischen den einzelnen Häfen des Landes von fremden Nationen angehörenden Fahrzeugen besorgt wird, so dafs man wenige geschulte Matrosen vorfand und schliefslich auch gänzlich mit der See unbekannte Leute für die Kriegsschiffe engagieren mufste. Die natürliche Folge davon war, dafs die Unternehmungen zur See, obwohl sie bei den topographischen Verhältnissen die Hauptrolle in dem Verlaufe des Waffenganges spielen sollten, lange auf sich warten liefsen, weil die ungeübten Mannschaften erst von Grund auf eingeschult werden mufsten.

Später präsentierten sich auch Freiwillige. Aber im Kriege genügt der gute Wille nicht allein, Seeleute können nicht improvisiert werden. Zur Seetüchtigkeit gehören geborene und erprobte Seeleute, welche mit dem Meere vertraut sind.

Diese Leute würde die Seemannsschule heranbilden und heranziehen, und, wenn erst die Insel in wirtschaftlicher Beziehung nach angegebener Weise verwaltet werden würde, könnte der Staat aus den dortigen Flotten von Fischerböten eine hinreichende Anzahl von Seeleuten im Falle der Not jeden Augenblick auswählen, welche für die Bedienung der Kriegsschiffe vorzüglich passen würden. Ja, die Fischer könnten während der Friedenszeiten zu der Benutzung und den Übungen der Seeschule herangezogen werden und Vorstudien für ihre spätere eventuelle Verwendung machen.

Hierbei möchte ich noch einmal mit allem Nachdrucke hervorheben, daſs die Insel nur dann als Badeort blühen, nur dann das Festland mit regelmäſsigen und billigen Sendungen von Fischen zu versehen imstande sein wird, wenn einige dazu eigens bestimmte Dampfer eine sichere und schnelle Verbindung zwischen Mas a tierra und dem Kontinent unterhalten; ohne dieselben hat das ganze Unternehmen keinen Bestand. Diese Dampfer sind Lebensbedingung für das leider zu fern abgelegene Eiland, ebenso wie die Eisenbahnen des festen Landes den Provinzen und Ortschaften von dem Augenblicke an zum regen Leben verhelfen, sobald die erste Maschine durch ihre Fluren dahinbraust. Dazu muſs sich eine Gesellschaft mit ausreichenden Geldmitteln gründen; denn ein geringes Kapital würde nichts nützen, sondern einfach vom Meere verschlungen werden.

Daſs sie zustande komme, wollen wir der Insel von ganzem Herzen wünschen!

Als Schluſs sollen die schönen Worte des Corresponsals des „Mercurio" übersetzt hier ihren Platz finden:

„Ist die Gesellschaft erst einmal zustande gekomen, welches Hindernis würde es geben, daſs sich alle diese Illusionen verwirklichen? Alle Menschen, werden sie denn nicht eingeladen von dem freundlichen Himmel, dem blauen und warmen Meere, den malerischen Bergzügen mit ihrer schattigen und duftenden Vegetation, den krystallhellen und gesundheitspendenden Bächen, von den riesigen Hummern und saftigen Stockfischen? Wenn seine Abgeschlossenheit zu Ende geht, hört Mas a tierra auf, eine Insel der Einsamkeit und des Vergessens zu sein, um sich in einen lachenden, poetischen, genuſsreichen Platz zu verwandeln, geschmückt mit den Waldwundern der reinen Natur, mit den romantischen Erinnerungen an die berühmteste Sage und mit den unübertrefflichen Reizen der Civilisation und des Fortschrittes.

Die Schwachen und Kranken werden von ihren Leiden genesen; liebende Paare werden dort berauscht die glücklichsten Stunden ihres Daseins feiern: Juan Fernandez wird sich zur Insel des Lebens, des Glückes und der Liebe umgestalten!"

Erster Anhang.

Parallele zwischen Alexander Selkirk und Robinson Crusoe.

Zum Schluſs dürfte es nicht uninteressant sein, einige Punkte der Übereinstimmung zwischen dem Leben von Alexander Selkirk und demjenigen von Robinson Crusoe hier in kurzer Zusammenstellung, welche aber auf eine Vollständigkeit keineswegs Anspruch erhebt, aufzuführen, damit sich jeder überzeugen kann, daſs Defoe als Grundlage für sein unsterbliches Werk hauptsächlich die ihm bekannten Schriften über die Schicksale des Einsiedlers von Juan Fernandez benützt, aber nur sehr wenige Züge aus den Abenteuern von Pedro Serrano entlehnt hat.

Selkirk war ebenso wie Robinson Crusoe seit seiner Jugend ein unruhiger Charakter, ungehorsam gegen seinen Vater, eigensinnig und unbeugsam, unzugänglich für wohlgemeinte Ratschläge und von glühender Leidenschaft für das Seeleben beseelt. Frühzeitig spricht sich in beiden eine tiefe Sehnsucht nach der Einsamkeit aus, der sich Crusoe bei seinem Aufenthalte in Brasilien bereits aus vollstem Herzen ergiebt und daselbst ebenso lebt, wie einer, der auf einer verlassenen Insel allein ausgesetzt ist.

Nachdem er aus dem Schiffbruche an dem Eilande, welches ihm für lange Jahre zum Aufenthalte dienen soll, Rettung gefunden, besteigt er den höchsten Punkt und benutzt ihn fortan als ständigen Lookout, von wo aus er die Insel übersehen kann.

In gleicher Weise wie Selkirk siedelte sich Crusoe auf dem schlechtesten Teile der Insel an, aber er blieb auf demselben Flecke wohnen, trotzdem er schon in der ersten Zeit seiner unfreiwilligen Gefangenschaft zu dieser Erkenntnis gelangt war.

Die Grotte beider Einsiedler weist viele Vergleichspunkte auf: sie liegt nahe an der See und mit Aussicht darauf; ein Bach mit frischem Wasser fliefst daselbst vorbei; davor breitet sich am Fufse eines Hügels, der sich zur Seite erhebt, eine kleine Ebene aus, und in geringer Entfernung befindet sich eine Höhle, welche beiden als Aufbewahrungsort dient. Der Zeichner der neuesten illustrirten englischen Ausgabe des Robinson Crusoe hat die Grotte des Helden so genau der Höhle nachgebildet, welche sich neben der Grotte des Selkirk am Strande befindet und die beiden ungleichen Hälften des Puerto ingles voneinander trennt, dafs jeder, der dieselbe auf Juan Fernandez betreten hat, diese und nicht eine Höhle auf der Orinoco-Insel zu sehen glaubte. Die Gesteine, aus denen sie bestanden, sind an beiden Orten von weicher Art und lassen sich mühelos trotz der einfachen Werkzeuge der beiden Einsiedler bearbeiten.

Selkirk konnte sich ebensowenig wie Crusoe anfangs mit seinem Schicksale aussöhnen und der Melancholie, welche einen wie den andern befiel, erst nach zwei Jahren Herr werden, nachdem sie durch ununterbrochene körperliche Anstrengung ihre tägliche Nahrung gesichert und durch gläubiges Lesen in der Bibel Vertrauen auf Gottes Hülfe zur Befreiung aus ihrer Lage gewonnen hatten.

Die Träume spielen in ihrem Leben eine grofse Rolle und haben beide einen felsenfesten Glauben an die Wahrheit derselben.

Die Schönheiten der sie umgebenden Natur, der Vorzug, die unumschränkten alleinigen Herrscher ihres Inselreiches zu sein, die köstliche Ruhe, deren sie ohne Störung geniefsen, söhnen sie mit ihrem Schicksale endlich aus, so dafs sie sich mit ihrem Lose recht glücklich fühlen und sich nicht mehr nach der Welt da draufsen zurücksehnen, ja Gott aus tiefstem Herzensgrunde für ihr gegenwärtiges Leben dankbar sind. Sowohl Selkirk als Crusoe freuen sich ihres einsamen Daseins, das sie von den Versuchungen dieser Welt fernhält und sie zu besseren Menschen macht, als sie es vorher gewesen sind.

Als Crusoe sich das erste Mal seinem Boote anvertraut hat und von den Strömungen, welche um die Insel herumwogen, scheinbar in das weite Meer hinausgetrieben wird, so dafs es schien, als würde er nie wieder dahin zurückkehren, da ruft er in seiner Verzweiflung aus: „O happy desert, I shall never see thee more!", was lebhaft an die ständigen Worte erinnert, deren sich Selkirk nach seiner Zurückkunft nach England fortwährend bediente: „O my beloved island; I wish, I had never left thee." Crusoe verlor sich aber nicht im weiten Meere, sondern sah seine Grotte wieder und hörte den Papagei ihn wieder „Robin" nennen, wie ja jener Indianer auf Juan Fernandez hiefs.

Darin, dafs er Ziegen und auch Katzen gezähmt hat, hat Defoe den Selkirk einfach kopiert; denn auf den Orinoco-Inseln hat es weder das eine, noch das andere Tier gegeben, was Freitag selbst, der auf einer Nachbarinsel von der des Crusoe gelebt hat, in unzweideutigster Weise bezeugt hat und worüber die geschichtlichen Nachforschungen keinen Zweifel gelassen haben. Die Ziegen und die Katzen sind in Amerika nicht heimisch gewesen, sondern erst von den Spaniern daselbst eingeführt worden, und in der Zeit, in welcher Defoe die östliche Küste von Süd-Amerika kennen gelernt hat, haben diese beiden Tiergattungen entschieden dort nicht existiert. Das Gleiche mufs von den Antillen gesagt werden, wo Pedro Serrano auf einer derselben zwei Jahrhunderte früher als Selkirk als Schiffbrüchiger einsam gelebt und sich nur von Schildkröten und Fischen ernährt hat.

Pedro Serrano war glücklicher als der berühmtere Schotte. Dieser fand keinen Gefährten seiner Einsamkeit, wie ihn jener hatte, und scheint es daher, dafs Defoe darin das spanische Original nachgeahmt hat. Auffallend bleibt es aber doch, dafs Defoe den Gefährten des Crusoe mit dem Namen „Friday" bezeichnet hat! Hat ihm dazu die ausführliche Erzählung von Kapitän Rogers, dafs den Selkirk auf seinen Spaziergängen auf Juan Fernandez der Offizier Fry allein begleitet hat, Veranlassung gegeben?

Mit Bestimmtheit vermag keiner diese Frage zu beantworten; aber die Vermutung liegt nahe, dafs Defoe diesem mutigen und unerschrockenen Seemanne ein unvergängliches Denkmal setzen wollte, indem er die Rothaut, welche während der letzten Jahre dem Crusoe das Leben auf seiner einsamen Insel versüfste, nach ihm benannte!

Dafs Defoe endlich eine Rothaut und keinen Neger der Orinoco-Gegenden dem Einsiedler zugeführt hat, hat wieder seinen Grund in der Benutzung der geschichtlich erhärteten und bekannten Ereignisse auf Juan Fernandez, wie wir an der betreffenden Stelle gesehen haben.

Robinson Crusoe hatte längere Zeit als Selkirk auf seine Befreiung zu warten; aber er wird schliefslich befreit, kehrt nach seiner Heimat zurück und verheiratet sich, ebenso wie Selkirk es gethan hat, verliert auch ebenso schnell als dieser nach kurzer Ehe seine Frau und ergiebt sich aufs neue einem abenteuerlichen Leben zur See, das ihn noch einmal zu seiner geliebten Insel gebracht hat, welches Glück dem Schotten nicht zuteil geworden ist, so sehr er sich auch darnach sehnte!

Zweiter Anhang.

Analyse des Glockensteines von Juan Fernandez.

Wir begannen das vorliegende Buch mit der Erwähnung des deutschen wissenschaftlichen Vereins zu Santiago de Chile und wollen es mit einer Abhandlung schliefsen, welche in demselben vorgelesen wurde und worin Herr Dr. L. Darapsky, Schriftführer des Vereins, die Untersuchungen über den sonderbaren Glockenstein der Insel niedergelegt hat. Sie lautet wörtlich:

„Von einem Ausflug nach der Insel Juan Fernandez brachte Herr A. Ermel einen weifsen ellipsoidischen Rollstein mit, wie sie sich im losen Geschiebe nicht selten dort finden, von Nufs- bis nahezu Kopfgröfse. Die Eingeborenen nennen sie „piedras de campana", was einen beträchtlichen Grad von Härte und Dichtigkeit beweist und zunächst an Phonolith erinnert, dessen Vorkommen in so durchaus vulkanischem Gebiete nicht gerade erstaunen könnte. A. Raimondi führt eine ganze Reihe klingender Gesteinsblöcke von Peru auf, die der Volksaberglaube an manchen Orten sogar mit bösen Geistern in Verbindung gebracht hat. Die matte reinweifse Farbe scheint dagegen auf das nach einem amerikanischen Obersten Gibbsit benannte Thonerdehydrat zu verweisen, welches nach Domeyko auf der Insel sich findet (Mineralogia, 3. Aufl. Seite 515). Die auch im Innern durchaus gleichmäfsige Masse mit schwach muscheligem Bruch ist aber mehr derb als mild, zeigt auch weder Thongeruch, noch klebt sie an der Zunge. Kalte, selbst ziemlich konzentrierte Säuren äufsern keine Wirkung darauf, warme Säuren löst sie unter Brausen. Dabei hinterbleibt in sehr geringer Menge ein feines, wolkiges Pulver, wohl eine Beimengung von Kieselsäure. Die salzsaure Lösung ist schwach grünlichgelb gefärbt; doch läfst sich die Spur Eisenoxydul mit Chamäleon nicht bestimmen. Fein zermahlen reagiert die Substanz beim Befeuchten alkalisch; im Kölbchen giebt sie kein Wasser. Als wesentliche Bestandteile ergiebt die Analyse Kohlensäure und Magnesia, so dafs der Glockenstein als eine Art dichter Talkspath oder Magnesit erscheint.

Sein spezifisches Gewicht ist 2.893, seine Härte gleich der des Quarzes (7).

In reinster Form kommt dem Talkspath die folgende Zusammensetzung zu:

Magnesia	47.62 Prozent,
Kohlensäure	52.38 -
	100.00 Prozent,

von welcher die Varietät von Frankenstein in Schlesien kaum abweicht, wie nachstehende Zahlen für dieselbe zeigen:

Magnesia	47.90 Prozent,	47.66 Prozent,
Kohlensäure	52.10 -	52.34 -

die beiden ersten Werte nach Rammelsberg (Handwörterbuch, Seite 397), die beiden anderen nach Scheerer (Journal für praktische Chemie I, Seite 395).

Im Bruchstück ist der Glockenstein von einer Probe aus dem Frankensteiner Magnesitlager nicht zu unterscheiden. Die Zusammensetzung ist:

Magnesia	46.03 Prozent,
Kohlensäure	51.98 -
Thonerde	0.51 -
Kalk	Spur -
Kieselsäure	0.27 -
Eisenoxydul	Spur -
	98.79 Prozent.

51.98 Prozent Kohlensäure verlangen 47.25 Prozent Magnesia zur Bindung; da nun im vorliegenden Falle die Kohlensäure ebensoscharf aus dem Glühverlust sich bestimmen läfst, als die analytische Bestimmung der Magnesia genau ist, darf man sich den entstehenden Ausfall von mehr als 1 Prozent vielleicht durch Alkali ersetzt denken. Eisenoxydul, das in vielen krystallinischen, wie derben Magnesitarten die Magnesia zum teil vertritt, fehlt sogut wie gänzlich. Die übrigen Beimengungen, zumal die bei diesem Material verhältnismäfsig selten angetroffene Thonerde kommen wohl auf Rechnung kleiner, gelblicher Drusen, die eingesprengt sich finden. Mit Rücksicht auf diese heterogenen Elemente ist auch die Härte 7 (die Frankensteiner Abart wird vom Feldspath [6] geritzt, während die meisten die Härte 4 nicht überschreiten) kaum charakteristisch.

Über den Ursprung dieser merkwürdigen Geschiebe läfst sich nichts Bestimmtes sagen; schwerlich dürften sie indes eben ihrer grofsen Härte wegen zum Meerschaum in irgend welcher Beziehung stehen, wie dies bei dem kieseligen Magnesit von Baudissero in Piemont der Fall ist. Näher liegt der Gedanke an Olivin, mit welchem viele Eruptionsprodukte von Juan Fernandez und Santa Clara so gespickt sind, dafs Domeyko sie als Olivintrachyte bezeichnet. Gewöhnlich, um dies noch zu bemerken, findet sich der Magnesit in Serpentin und Talkschiefer, auch wohl Dolomit.

Bis jetzt scheint der Magnesit von Chile weder phanero-, noch kryptokrystallinisch beschrieben worden zu sein, wie er überhaupt nicht gerade häufig auftritt. Dagegen erwähnt ihn N. S. Manrofs mit Porzellanbruch von der Mission Pastora in Venezuela (nach Dana, a System of Mineralogy, 5. Ausgabe, Seite 687).

Der Name Magnesit, der an und für sich auf jede Magnesiaverbindung pafst, ist eben darum Mifsverständnissen ausgesetzt. In der That bezeichnete er auch anfangs gemeinsam alle wichtigeren, natürlichen Talkerdeformen; Karsten reservierte ihn für das Carbonat, wie auch vorstehend geschehen, während Beudant ihn auf das Silikat bezog und für jenes den besonderen Namen Giobertit aufstellte. Dies mag den Gebrauch der Franzosen (so auch Domeyko in seiner Mineralogie) erklären, den Magnesit bei den Silikaten einzureihen."

Dritter Anhang.

Statistik der Regentage in Chile.

Über die Häufigkeit der feuchten Niederschläge in Chile liegen seit dem Jahre 1824 ziemlich genaue Mitteilungen vor, und entnehmen wir denselben folgende Notizen, welche für den Leser dieses Buches von Interesse sein dürften.

1) Santiago, die Hauptstadt des Landes, in dessen mittlerer Zone gelegen, weist eine Durchschnittszahl von 215 Regentagen im Jahre auf, in denen 419 mm Regen gefallen waren; derselbe verteilt sich auf die einzelnen Jahre wie folgt:

Jahr	Stunden	Minuten	mm
1824	220	30	440.60
1825	130	30	260.60
1826	147	00	294.00
1827	302	45	604.90
1828	280	30	560.60
1829	320	30	640.60
1830	116	30	232.60
1831	150	30	300.60
1832	99	30	198.60
1833	404	00	808.00
1834	152	30	304.60
1835	118	45	236.90
1836	219	00	438.00
1837	288	00	576.00
1838	156	00	312.00
1839	125	30	250.60

Statistik der Regentage in Chile. 133

Jahr	Stunden	Minuten	mm
1840	153	00	306.00
1841	313	00	626.00
1842	171	00	342.00
1843	390	00	780.00
1844	130	00	260.00
1845	417	00	834.00
1846	240	35	480.70
1847	187	48	374.96
1848	111	30	222.60
1849	185	00	370.00
1850	285	45	570.90

Spätere und sorgfältigere Aufzeichnungen in den folgenden Jahren bis auf die Gegenwart ergeben ein fast gleiches Resultat der Regentage, nämlich 212 Stunden und 18 Minuten im Jahre. Ihre Verteilung auf die einzelnen Monate ist recht ungleich, wie wir sofort sehen werden: es regnete im

Monat	Stunden	Minuten
Januar	2	00
Februar	00	18
März	7	36
April	1	31
Mai	34	22
Juni	56	33
Juli	48	11
August	29	38
September	16	20
Oktober	11	45
November	2	02
Dezember	1	42

Auf die einzelnen Jahreszeiten verteilt sich der Regen demgemäß ungefähr in folgender Weise:

	Stunden		Minuten	
Sommer	4	-	00	-
Herbst	46	-	29	-
Winter	132	-	42	-
Frühling	29	-	7	-
Total	212 Stunden		18 Minuten.	

Diese Durchschnittszahl entspricht 9 vollen Tagen Regen im Jahre, während der Rest also ohne Regen sein würde.

Betrachten wir nunmehr

2) **Valparaiso**, die Haupthafenstadt des Landes, fast auf derselben Breite wie Santiago liegend. Merkwürdigerweise ergiebt die Beobachtung des gefallenen Regens während der letzten 34 Jahre, deren Aufzeichnungen wir vor uns haben, genau die gleiche Anzahl Millimeter, 419 als Durchschnitt, für Valparaiso wie für Santiago, und zwar in den einzelnen Jahren:

Jahr	mm	Jahr	mm
1853	195.048	1870	383.130
1854	430.963	1871	392.650
1855	508.053	1872	296.050
1856	510.840	1873	403.560
1857	212.695	1874	388.230
1858	577.713	1875	275.380
1859	300.931	1876	300.930
1860	476.474	1877	773.920
1861	414.709	1878	466.257
1862	502.713	1879	294.420
1863	104.075	1880	836.380
1864	668.968	1881	363.620
1865	318.114	1882	398.220
1866	276.318	1883	531.27
1867	400.545	1884	606.73
1868	812.700	1885	379.18
1869	247.293	1886	303.40

3) **Der Rest des Landes.**

Wie wir früher auseinandersetzten, regnet es im Norden von Chile fast gar nicht, im Süden dagegen stärker als in den mittleren Provinzen, was die nachstehenden Zahlen deutlich beweisen:

Städte	Tage, während welcher es im Jahre regnet:	mm Regen:
Copiapó (Norden)	1—2	—
Coquimbo (Norden)	3—4	299
Santiago	22	419
Valparaiso	25	419
Concepcion (Süden)	?	1364
Valdivia (Süden)	134	3522
Puerto Montt (Süden)	160	2636

(Auszug aus einem in der gelesensten Zeitung Santiago's „El Ferrocarril" veröffentlichten Artikel, vom 3. September 1887.)

www.ingramcontent.com/pod-product-compliance
Lightning Source LLC
Chambersburg PA
CBHW021711230426
43668CB00008B/798